税理士のための
会社法
ハンドブック

2021年版

―Q&Aで**パッ**とつかめる!
最新改正のポイント―

岩田合同法律事務所弁護士
東京大学客員教授
佐藤修二
〔編著〕

岩田合同法律事務所
〔著〕

第一法規

推薦のことば

この本は、岩田合同法律事務所で租税関係の法律実務を専門とするメンバーが中心になって執筆した、税理士向けの会社法のハンドブックです。

私は、平成26年に国税庁長官を最後に退官するまでの34年間、財務省に勤務しました。その間、諸々の立場で税務行政に携わり、税理士の方々と接する機会も、少なからずありました。そのころの経験から思いますのは、税理士の皆さんには、企業にとって身近な、いわば町の法律家として、依頼者企業にとって諸々の相談ごとの総合窓口という面があるということです。

税理士の皆さんのクライアントの多くを占めるのは、主としては、中堅・中小企業でありましょう。中堅・中小企業の場合、大規模な上場会社とは異なり、顧問弁護士を有していることが、普通とまではいえないのではないでしょうか。それゆえに、税金とは直接関係しない法律問題であっても、すぐそばにいてくれる税理士さんに、まずは聞いてみよう、ということもあるのではないかと想像します。もちろん、餅は餅屋ですから、本格的な法律相談については弁護士につなぐことになるでしょうが、弁護士に持っていくにしても、その前に最初の窓口として交通整理を行うための法律知識があることは、税理士の方々が依頼者の信頼を増すために、大いにお役に立つものと思います。諸々の法律の中でも、会社にとって「基本法典」といえる会社法の大まかな内容を頭に入れておくことは、とりわけ意味があるでしょう。

本書は、税理士の方々向けに会社法の基礎をコンパクトにまとめたものであり、税理士の皆さんが手にとりやすい、文字どおりの「ハンドブック」です。特筆すべきは、執筆陣の中心を、国税局や国税不服審判所、大手税理士法人での勤務経験を有し、税理士の方々とコラボレーションする機会も少なくない、租税専門家チームの弁護士が占めていることです。税理士業務と親和性の高い、公認会計士の資格を兼ね備える弁護士も、複数メンバーに加わっています。税理士業務の何たるかを熟知した執筆陣の手になるものとして、税理士の方々にとって馴染みやすいものと思います。

多くの税理士の先生方にとって必ずや役に立つ会社法の手引きとして、本書をおすすめいたします。

令和元年５月

元国税庁長官
岩田合同法律事務所特別顧問
稲垣光隆

はしがき

『税理士のための会社法ハンドブック〔2019年版〕』は、幸いにして好評をいただき、書肆における在庫も僅少となりました。折しも、令和元年に会社法改正があったことから、改正の内容を織り込んで、この「2021年版」を刊行する運びとなった次第です。2019年版の読者の皆様には、感謝申しあげます。

本書は、税理士の先生方に、会社法の全体像を主に中堅・中小企業を念頭に置きながら、コンパクトに理解していただくことを目的としたものです。2021年版では、序章で、令和元年会社法改正の全体を概観するQ&Aを追加した上で、各章ごとに、その章のテーマに関係する改正項目に係るQ&Aを追加しました。また、コラムについては、改正のあった社債制度に関して、制度の概要と改正内容をコンパクトに解説するコラムを第5章末尾に新たに収録したほか、終章コラムにつき、その後の動向を踏まえた加筆修正を施しています。改正法に基づく政省令・税制改正の動きについても、本書脱稿時点での最新情報を反映するよう努めました。追加項目は、2019年版の執筆者を中心に、岩田合同法律事務所に所属する新進気鋭の野口大資・安西一途の両弁護士をメンバーに加えて執筆し、編著者において全体的な観点からの調整を行っています。

以上の各点を除いては、会社法全体を税理士の先生方に向けてコンパクトに解説するという目的に照らし、従前の記述を維持することが妥当と思われたため、若干の表記の修正等のほかは、2019年版の記述をそのままに残してあります。

個人的なことになりますが、令和元年会社法改正のとりまとめをされた神田秀樹先生（学習院大学法科大学院教授）は、編著者にとって、

「会社法と税法の交錯」をテーマとしたゼミナールにおける恩師であり、今回、改正を通観して改訂版を刊行できたことは、大きな喜びです。

なお、2019年版の出版に当たり、第１章、第２章および第８章について大久保直輝氏、第５章、第６章および第７章（株式交付に関するQ59とQ60を除く）について小西貴雄氏に執筆をいただきました。両氏とも、執筆当時、岩田合同法律事務所に在籍し、現在は事務所を離れたこともあり、末尾の執筆者一覧には掲載していませんが、承諾をいただき、2021年版にもそのまま旧稿を収録しています。また、稲垣光隆元国税庁長官より2019年版発刊に際していただいた「推薦のことば」を、この2021年版にも掲載させていただきました。

近時、「税務と法務のコラボレーション」の必要性が注目されつつあります。出版界を見ても、「税務弘報」（中央経済社）をはじめ、税務雑誌でも民法改正や会社法改正の特集が組まれ、編著者も執筆させていただくことが多くなりました。本書もまた、そのような流れに連なって、2019年版に引き続き、税理士の先生方の業務にいささかなりともお役に立ち、願わくば「会社法の面白さ」をお伝えすることができれば、執筆者一同、幸いこれにすぎることはありません。

令和２年12月

岩田合同法律事務所パートナー弁護士
東京大学法科大学院客員教授
佐藤修二

税理士のための会社法ハンドブック　2021年版

—Q&Aでパッとつかめる！最新改正のポイント—

CONTENTS

第1章　株式会社の設立

第2章 株主総会

第3章 取締役と取締役会

第4章 監査役と監査役会

第5章 株式

第6章 事業承継

第7章 組織再編・M&A

第8章　解散・清算

終章　税務コンプライアンスと会社法

◉凡例

法令等については原則として正式名称を用いています。
なお、判例ならびに判例集については、下記の略記を用いています。

◉略記

最　　判：最高裁判所判決
最　　決：最高裁判所決定
高　　判：高等裁判所判決
高　　決：高等裁判所決定
民　　集：最高裁判所民事判例集
集　　民：最高裁判所裁判集民事
下級民集：下級裁判所民事裁判例集
高 民 集：高等裁判所民事判例集
判　　時：判例時報
金　　法：金融法務事情
判　　タ：判例タイムズ

序章

会社法とは何か—その税理士業務との関係

本章では、まず、そもそも会社法とはどのようなものか、税理士業務にどのように関係するのかについて概観します。その中で、本書が税理士業務の助けとなることを目指してカバーすることとした範囲も説明します。

Q1
会社法の意義と役割

Q　会社法とは、どのような法律で、どのような役割があるのでしょうか。

A　会社法は、企業活動のフォーマットといえる「会社」について、制度の枠組みを定める法律です。

現代の企業活動は、「会社」を抜きにしては考えられません。会社法は、企業活動の基盤となるフォーマットともいえる会社について、その制度の骨格を定めるものです。

会社にもいろいろな種類がありますが、その中で実際上圧倒的な存在である「株式会社」を例にとれば、株式会社の持分である「株式」の内容、株式を保有し、株式会社の実質的な所有者といわれる「株主」の権利、株式会社の設立、増資、組織再編から清算に至るまでの「会社の一生」に関する一連のルールなどを、会社法が定めています。

本書では、会社の中でも典型としての意味を有し、実務上の重要性も圧倒的な株式会社に関するルールを取り上げます。もっとも、中小企業等においては「合同会社」を利用する例も少なからず見られることから、その概要についても**Q5**において説明します。

税理士業務における**留意点**

税理士業務の提供先の多くは、「会社」であることが普通でしょう。会社は、会社法に基づいて設立され、運営されていますので、その概要を知っておくことは、税理士業務にとっても重要です。本書は、会社法に関する最低限の知識をコンパクトにまとめたものですが、日常の税理士業務を進める上でもお役に立つのではないかと思います。

Q2
会社法と税理士業務

Q　会社法は、税理士業務にとって、どのような意味がありますか。税理士は、会社法を知っておく必要があるのでしょうか。

A　税理士業務の提供先である会社について、その機関構成や各機関の役割、設立・組織再編・清算といった「会社の一生」に関わる事項など、最低限のことを知っておくことは、税理士業務にとって必要、有益であると思われます。

税理士業務は、個人事業主や、相続税の対象となる個人に対して提供されることもありますが、それ以上に、会社を依頼者として行われることが多いと思われます。会社は会社法に基づいて運営されています。例えば、会社の取締役や代表取締役の権限・責任等は会社法によって定められていますし、株主総会や取締役会の開催手続・その議事録の作成方法等についても、会社法が定めています。

こうしたことから、税理士が、依頼者である会社について理解するためには、会社法について、その概要を知っておくことが望ましく、必要であるともいえるでしょう。

なお、会社法には、会社の会計・決算についてのルール（いわゆる「会社の計算」に関する規定群）も設けられていますが、この分野については、税務申告の前提となることもあって、すでに実務的な知識を有しておられる読者も多いものと思われることから、本書では説明の対象としていません。

税理士業務における**留意点**

税理士の依頼者である会社の関係者は、会社法に関するある程度の基礎知識を税理士が備えていることを期待するでしょう。また、税理士は、例えば弁護士に比べると、依頼者企業にとって、身近な立場にあることが多いと思われ、会社法についてごく基本的な質問を税理士が受けるという場面もあるのではないでしょうか。

もちろん、会社法も法律ですから、本格的な相談となれば弁護士が対応すべきですが、簡単な概要については税理士が依頼者に説明することができれば、依頼者企業の税理士に対する信頼も高まるでしょう。そのような意味で、会社法の概要を知っておくことは、税理士業務にとって有益であるだけでなく、必要であるとすらいえるように思われます。

Q3
株式会社とは何か

Q　会社の中でも一般的といわれる、株式会社とはどのようなものでしょうか。

A　株式会社は、多くの人々から大規模な資本を集め、大規模な事業を営むことを想定したもので、世界の大企業は、ほとんどが株式会社の形態で運営されています。もっとも、実際には、大規模な事業ではない、いわゆるファミリービジネスのような場合でも株式会社の形態で営むことが可能であり、実際にそのような例も多数見られます。会社法も、そのような中小規模の事業に利用されることも想定した形でルールを定めています。本書では、税理士業務に役立てるという観点から、中堅・中小企業を念頭に置きつつ、会社法のルールの基本的な部分を解説していきます。

株式会社は、歴史的には、17世紀ごろ、オランダや英国が、アジア地域での貿易・通商を大規模に展開することを目的として設立した東インド会社をその嚆矢とするといわれます。

株式会社は、その後の資本主義経済の発展とともに、大規模なビジネスを営むための法的なフォーマットとして、資本主義経済にとってなくてはならないインフラとなりました。これは、大規模事業を営むためには、多くの資金が必要であり、そうした資金を集めるために、株式会社が適していることによるものです。

株式会社に対する出資は、「株式」(**Q38参照**)という、会社全体に対する所有権を、非常に小さい単位に分けた形態を通じて行われます。株式の所有者を株主といいますが、個々の株主は、小さい金額を出資することによって株式を取得して株主になることができ、このような少額出資をたくさん集めることによって、大規模な資金調達が可能となるわけです。

こうした株式会社の長所は、株式が証券取引所に上場されている場合にこそ、フルに発揮されることになります。すなわち、個々の株主は、いつでも、余剰資金があれば証券市場を通じて株式を買い、手元に資金が必要になれば、これを証券市場を通じていつでも売却することができます。このように売買が容易であることから、株式の取得に対する経済的・心理的な障壁も低くなり、多くの人々を株式会社への出資に惹き付けることが可能となるわけです。

このように、株式会社は、大規模な事業を営むのに適した法的フォーマットであり、その株式が証券取引所に上場されることを本来的には想定したものです。しかし、わが国に実在する株式会社の多くはそのような上場会社ではなく、むしろ、いわゆるファミリービジネス、税務の用語でいえば“同族会社”の方が、数の上では多いといえるでしょう。こうした実情から、会社法は、小規模な事業を株式会社の形態で営むことも、十分想定したルールを定めています。大企業であれば、会社の機関一つとっても、株主総会に加えて取締役会、監査役会、会計監査人等々、いわばフルセットが求められますが、小規模の株式会社であれば、取締役会や監査役会の設置は必須ではなく、簡素な機関構成を採用することができます。本書では、税理士業務に役立てるという観点から、主として中堅・中小企業を念頭に置き、上場大企業に特有と思われるルールについては割愛して、会社法の基本的な部分について解説することにしています。

税理士業務における**留意点**

税理士業務において、主要な法人顧客層は、中堅・中小企業であることが多いと思われます。中堅・中小企業は、上場会社ではないケースが普通であり、会社法の観点からも、上場会社の場合とは、機関構成をはじめ、異なるルールが適用されることになります。

Q4
株式会社の機関設計の基本

Q 株式会社における株主総会、取締役等の機関設計の概要について、特に中堅・中小企業を念頭に置いて教えてください。

A 会社法は、株式会社の機関設計につき、会社の規模や選好に応じた対応が可能となるように、かなりのバリエーションを認めています。中堅・中小企業の場合には、一般的に比較的簡単な機関設計が好まれ、株主総会・取締役のみを設ける会社、あるいはこれに加えて取締役会と監査役を設置する会社が多いと思われます。

会社法上、すべての株式会社は、株主総会および取締役を設置する必要があります（会社法第295条、第296条、第326条第１項）。逆にいえば、株主総会と取締役さえ設置されていれば、会社法上、株式会社としての最低限の要請は満たされることとなります。これは、平成17年に会社法が成立する以前に中小企業に広く用いられていた「有限会社」の機関構成を実質的に承継するものです。こうした最も簡単な機関構成においては、会社の経営に関する事項は、そのすべてを株主総会が決定することになります（会社法第295条第１項）。

他方において、伝統的な会社法の考え方には「所有と経営の分離」というものがあり、上記のように株主総会において株主が会社運営に関するすべてを決定するのではなく、日常的な経営上の意思決定については、株主総会において選任された取締役による会議体である「取締役会」に委ね、株主総会の意思決定権限は、特に重要な事項に限ることが想定されています。そこで、中堅・中小企業でも取締役会を設置するケースもあり、このように取締役会が設置された会社を「取締役会設置会社」と称し（会社法第２条第７号）、取締役会設置会社では、株主総会の意思決定権限は、会社法および定款所定の事項に限られることになります（会社法第295条第２項）。一方で、株主が取締役会に日常的な経営上の意思決定を委任することには、取締役たちが勝手なことを行うリスクも伴います。そこで、取締役を監督するため、取締役会設置会社においては、監査役を選任することが必要とされており（会社法第327条第２項本文）、監査役を設置する株式会社を「監査役設置会社」といいます（会社法第２条第９号）。このように、取締役会設置会社であると同時に監査役設置会社であるという形態も、中堅・中小企業においてもよく見られるところと思われます。また、監査役に加えて、監査役による合議体である監査役会を設置する「監査役会設置会社」（同条第10号）であるケースもあるでしょう。

ところで、会社法は、「公開会社」という概念を置いています。その定義は、通常使われる意味（株式が証券市場に公開されている会社）とは異なり、その発行する株式の全部または一部について定款による譲渡制限をしない会社、というものです（会社法第２条第５号）。中堅・中小企業の場合、いわゆるオーナー会社であるという色彩から株主を一定の範囲に固定するため、株式の譲渡について定款による譲渡制限（会社法第107条第１項第１号）を行うことが普通で、したがって公開会社には該当しないケースが通常です。公開会社の場合には、取締役会の設置が必須とされますが（会社法第327条第１項第１号）、中堅・中小企業の場合は、公開会社に当たらず、したがってこのルールも適用されないことが通常でしょう。中堅・中小企業で取締役会を置くケースは、法によって強制されるのではなく、自ら任意に取締役会を設置する、ということが普通かと思われます。

なお、上場会社の場合、上記に加えて監査役の合議体である「監査役会」や「会計監査人」の設置が求められることがほとんどです。また、そもそも監査役を置かないパターンの機関構成である「監査等委員会設置会社」（会社法第２条第11の２号）や「指名委員会等設置会社」（同条第12号）という選択肢も設けられています。監査等委員会設置会社や指名委員会等設置会社は、近年、コーポレートガバナンス（企業統治）の議論の進展に伴って、主として英米をモデルとして導入された仕組みで、経営の監督の役割を、監査役ではなく、「社外取締役」（**Q28参照**）を中心とする取締役会に期待することが特徴です。上場会社においては、これらの機関設計を選択する例もかなり増えてきましたが、本書においては、中堅・中小企業を念頭に置くという性格上、これらの新しい機関構成については想定せずに叙述を行っています。

税理士業務における**留意点**

株式会社をクライアントとする税理士業務においては、株式会社の機関構成の基本を押さえておくことが有用です。その際、会社法は、機関構成の選択肢を広く認めていますが、中堅・中小企業における典型的な機関構成である、株主総会と取締役のみを設置する（＝取締役会は設置しない）パターンのほか、これに加えて取締役会を設置して日常的な意思決定は取締役会に委ねる「取締役会設置会社」のパターンや、さらに監査役会を加えた「監査役会設置会社」を知っておくことが基本となるでしょう。

Q5
合同会社とは何か

Q　会社の中には、株式会社以外にもいくつかの種類があると聞きました。その中でも、合同会社というものを見聞きすることがありますが、合同会社とはどのようなものでしょうか。

A　会社には、株式会社のほか、持分会社と呼ばれる類型があります。持分会社は、会社法第575条第1項において、合名会社、合資会社および合同会社の総称とされています。実務では、持分会社の中でも合同会社が、中小企業や、外資系企業の日本子会社等に利用されています。

合同会社は、株式会社と比べ、その内部運営のルールを柔軟に定めることができると同時に、会社の出資者たる社員全員が有限責任を享受することができる会社類型です。米国のLimited Liability Company（LLC）をモデルとして、平成17年に成立した会社法によって新しく設けられました。

合同会社は、社員総会や取締役を置くことすら必要なく、決算公告の義務もないなど、相当に規制が緩やかなものとなっています。また、定款の公証人による認証が不要なため公証役場の手数料が不要であり、設立登記に関する登録免許税も株式会社と比べて安いことから、設立のための費用が低廉であることも魅力となっています。このような事情から、最近設立されるベンチャー企業を含む中小企業は、合同会社の形態を選択する例も増えているようです。

また、アマゾン、アップル、ユニバーサルミュージック（なお、ユニバーサルミュージックについては、著名な租税訴訟事件(注)もあります）などの外資系企業の日本法人も、多くの場合、合同会社の形態をとっています。これには、内部運営ルールの柔軟性のほか、米国の税制との関係で、合同会社について、いわゆる「パス・スルー」ないし「構成員課税」の取扱い（合同会社に生ずる所得について合同会社自体を独自の納税主体とせず、合同会社の構成員である社員に帰属させる取扱い）を採用することができ、米国税制上有利となるということも関係しているものと推察されます。

なお、注意したいのは、米国の税制の下では合同会社についてパス・スルーの取扱いが認められている反面で、「日本の法人税」との関係では、合同会社についてパス・スルーの取扱いは（立法過程で議論があったものの）認められておらず、合同会社も、独自の納税主体として法人税の納税義務を負うという点です。合同会社がモデルとした米国のLLCはパス・スルーの取扱いを認めるものであり、そこからの連想で間違えやすい面もあるため、気を付けておきたいところです。

税理士業務における**留意点**

近時、ベンチャー企業等、新規に設立される中小規模の企業は合同会社を選択することも増えており、税理士としても、合同会社に関する上記程度の特徴を知っておくことが有用と思われます。また、税制との関係では、日本の法人税においては、合同会社についてパス・スルーの取扱いを認めることが立法過程で議論されつつも見送られた反面で、米国の税制の下では、合同会社についてパス・スルーの取扱いを選択することが認められていることは、一種の豆知識としても興味深いものといえるでしょう。

(注) 東京高判令和2年6月24日裁判所ウェブサイト。

Q6
令和元年会社法改正の概要

Q　令和元年に、会社法が改正されたと聞きました。改正の内容は、どのようなものでしょうか。

A　コーポレートガバナンスの分野を中心としつつも、会社法の全般にわたり、ルールの洗練化がなされました。株主総会資料の電子提供、社外取締役の設置強制などが注目されています。

令和元年の臨時国会において、会社法の改正法案が可決・成立しました。一般に、この改正を「令和元年会社法改正」と呼び、また、この改正により成立した会社法のルールを「令和元年改正会社法」と呼んでいます。

改正項目は多岐にわたりますが、改正に際して設置された法制審議会会社法制（企業統治等関係）部会の部会長であった神田秀樹学習院大学法科大学院教授は、一言でいえば、「会社法の洗練化」を行った改正であると総括されています(注)。

改正の中で目立つのは、いわゆるコーポレートガバナンス、すなわち、会社の運営に関わる分野における改正です。

まず、会社の実質的所有者たる株主による会議体として、会社の最高機関である株主総会については、インターネット時代を反映し、株主総会の資料を電子的に提供する制度が創設されました（**Q16**）。また、近年、株主による総会における議題・議案の提案権が、本来の趣旨を外れて濫用される傾向が見受けられたことから、株主提案権について一定の規制が設けられました（**Q17**）。

また、日常的な会社の運営を担うという意味でコーポレートガバナンスの中核に位置する取締役・取締役会については、かねてより議論されてきた社外取締役の設置強制が実現されるなど社外取締役の制度の整備がなされ（**Q28**）、また、取締役の報酬決定過程の透明性を高めるための規制が設けられました（**Q29**）。他方で、社外取締役を含め、役員に有為な人材を確保するための環境整備を目的に、役員の職務に関連する損害賠償責任負担を軽減する仕組みとして、会社補償（**Q30**）、D&O保険（**Q31**）に関するルールが整備されました。

他方、組織再編・M&Aの分野では、新たな組織再編類型として、「株式交付」の制度が設けられました（**Q59・Q60**）。株式交付は、現金ではなく自社株を対価とする組織再編として、M&Aの可能性を広げるものです。

そのほか、株式と並ぶ株式会社の資金調達の手法である社債について、制度の合理性を高めるための改正もなされています（第５章コラム「社債制度と令和元年会社法改正」参照）。

このように、会社法の全般にわたって、制度のファイン・チューニングがなされており、まさに「会社法の洗練化」を実現する、令和の幕開けにふさわしい改正であったといえるでしょう。

令和元年会社法改正の施行日は、令和３年３月１日です（令和元年会社法改正附則第１条およびこれに基づく令和２年政令第325号）。ただし、株主総会資料の電子提供制度に関する規定の施行日は、これより遅く、公布日から３年６月以内において政令で定める日とされています（令和元年会社法改正附則第１条ただし書）。

税理士業務における**留意点**

令和元年会社法改正は、主として上場会社を念頭に置いたもので、中堅・中小企業への直接的な影響は大きくないと思われます。税理士としては、その概要を押さえつつ、近年、税理士が社外取締役に招請されるケースも増加していると見られることとの関係で、社外取締役、取締役の報酬、会社補償・D&O保険に関する規制に留意しておくとよいでしょう。また、D&O保険に関しては、近年、課税実務上の取扱整備もなされていますし、株式交付制度の導入に伴って、令和3年度税制改正において、これに対応する課税繰延措置の導入が行われる予定です。税務の専門家として、これらの改正点にも留意しておきたいところです。

（注）神田秀樹「令和元年会社法改正」ジュリスト1542号、2020年、15頁。

第1章

株式会社の設立

本章では、株式会社の設立に関する手続きを概観します。本章の内容は、例えば税理士業務における関与先が、個人事業主から「法人成り」する場面などで、基礎知識として活きるものと思われます。

Q7
設立手続の概要

Q　会社の設立手続の概要について教えてください。

A　定款の作成、株式発行事項の決定、株式の引受け、出資の履行、設立時役員等の選任、設立経過の調査および登記の手続きを行うこととなります。

株式会社の設立とは、株式会社という法人を成立させる手続きをいいます。そして、会社の成立について、現行法においては準則主義が採用されており、法定の手続きを履践すれば、国により法人格が付与されます。ここに、会社は株主や役員とは異なる法人格を有する法人であること（会社法第３条）から、会社法は、社団の構成のため、また、取引の安全確保のために各手続きを履践するよう規定しています。すなわち、発起人による定款の作成（会社法第26条第１項）、発起人全員の同意による株式発行事項の決定（会社法第32条第１項各号等）、出資の履行（会社法第34条第１項本文）、設立時取締役など、設立時役員等の選任（会社法第38条第１項）、設立時取締役・設立時監査役による設立事項の調査（会社法第46条）が規定されています。上記一連の手続きを経た上で、設立の登記を行うことにより、株式会社が成立します（会社法第49条）。

設立の方法には発起設立（会社成立時に発行される株式の全部を発

起人が引き受ける方法。会社法第25条第１項第１号）と募集設立（発起人が会社成立時に発行される株式の一部だけを引き受け、その余については発起人以外の者による引受けを募集する方法。同項第２号）がありますが、実務上は発起設立が用いられることが一般的であり、募集設立は、出資者の中に発起人としての責任を負うことを避けたい者がある場合や、外国法人が出資者となる場合に発起人として必要書類をそろえることが面倒である場合などに活用されることがあります。

また、発起設立の場合、発起人がコントロールできない要素は公証人による定款の認証（会社法第30条）のみであり、募集設立の場合には必要となる金融機関が発行する払込金保管証明書の取得が不要となるため、募集設立の場合と比べて設立に要する期間を短くすることができます。

税理士業務における**留意点**

税理士は、個人事業主が「法人成り」をする場面等で、会社の設立に関わることがあろうかと思われます。設立の手続き自体は、司法書士等が行うことも多いと思われますが、その概要は、税理士としても知っておきたいところです。

Q8
設立時の現物出資

Q　設立時の現物出資について教えてください。

A　現物出資とは、金銭以外の財産による出資をいいます。出資の目的物としては、不動産、有価証券、知的財産権、事業の一部または全部などが考えられます。現物出資を行う場合には、定款に記載の上、設立時取締役・設立時監査役による調査のほか、原則として裁判所に対し、検査役選任の申立てを行い、検査役による調査を受ける必要があります。

会社法は、発起人が金銭以外の財産を出資することを認めています（会社法第34条第１項本文）。なお、設立時募集株式の引受人については、金銭の払込みを行うことしか規定されておらず（会社法第63条第１項）、現物出資をすることはできません。

現物出資を行う発起人は、設立時発行株式の引受け後遅滞なく、出資に係る金銭以外の財産の全部を給付しなければならず、登記・登録等の手続きを行う必要があります（会社法第34条第１項本文）。ただし、会社の成立前には、会社名義での登記・登録を行えないことから、発起人全員の同意を得て、登記、登録その他権利の設定または移転を第三者に対抗するために必要な行為は、会社の設立後に行うことができます（会社法第34条第１項ただし書）。

現物出資は、目的物が過大に評価されることにより、他の株主や会社債権者を害することとなり得ることから、現物出資者の氏名または名称、当該財産およびその価額ならびにその者に対して割り当てる設立時発行株式の数を定款に記載し（会社法第28条第１項第１号）、その価額について設立時取締役・設立時監査役による調査を行わなければなりません（会社法第46条第１項第１号）。

また、現物出資を行うこととして定款に上記事項を記載した場合、発起人は、原則として、公証人による定款の認証後遅滞なく、上記事項を調査させるため、裁判所に対し、検査役の選任の申立てをしなければなりません（会社法第33条第１項）。選任された検査役は、必要な調査を行い、裁判所にその結果を報告し（同条第４項）、裁判所は、現物出資を不当と認めた場合、財産の価額および割り当てられる株式の額を減少させる決定をします（同条第７項）。

例外として、①現物出資および財産引受けの目的財産の定款記載の価額の総額が500万円を超えない場合、②当該財産が市場価格のある有価証券であって、定款記載の価額が市場価格（会社法施行規則第６条）を超えない場合、③定款に記載された価額が相当であることについて、弁護士・公認会計士・税理士等の証明（目的物が不動産である場合には当該証明に加えて不動産鑑定士による鑑定評価）を受けた場合には、検査役による調査を受ける必要はなくなります（会社法第33条第10項各号）。

税理士業務における**留意点**

現物出資については、その価額の評価について厳格な規制があります。その分、会社設立に要する時間や手間がかかるため、留意する必要があります。特に現物出資が必須でない場合には、金銭出資のみで会社を設立する方が、簡易迅速ではあります。

Q9
発起人および設立時取締役の責任

Q　発起人および設立時取締役の責任について教えてください。

A　発起人および設立時取締役は、財産価額の塡補責任、会社に対する任務懈怠責任、第三者に対する損害賠償責任などの民事責任を負います。また、発起人は株式会社不成立の場合の責任を負います。

設立される会社の財産の確保および会社債権者等の保護を図るため、発起人および設立時取締役は、以下の民事責任を負っています。

財産価額の塡補責任とは、株式会社の成立の時における現物出資財産および財産引受に係る財産（現物出資財産等）の価額が定款に記載された金額に著しく不足するときに、発起人および設立時取締役が、当該株式会社に対し、連帯して、当該不足額を支払う責任のことをいいます（会社法第52条第１項）。当該株式会社が発起設立によって設立されたときは、検査役の調査を経た場合もしくは当該発起人または設立時取締役がその職務を行うについて注意を怠らなかったことを証明した場合に限り、当該発起人または設立時取締役は責任を免れることができます（同条第２項）。ただし、当該現物出資財産等の出資者および譲渡人の免責は認められず（同項）、また、当該会社が募集設立によって設立されたときは、無過失による免責が認められていません（会社法第103条第１項）。

会社に対する任務懈怠責任（会社法第53条第１項）は、発起人や設立時取締役が会社の設立についてその任務を怠り、会社に損害を生じさせた場合に、会社に対して連帯して負う損害賠償義務をいいます。また、発起人や設立時取締役がその職務を行うについて悪意または重大な過失によって会社以外の第三者に損害を生じさせたときは、会社法第53条第２項により、当該第三者に対しても連帯して損害賠償の責任を負います（第三者に対する損害賠償責任）。これらの規定は、会社成立後に株式会社の役員が会社および第三者に対して負う損害賠償責任（会社法第423条および第429条）と同旨の規定となっています。

発起人の株式会社不成立の場合の責任は、会社法第56条に規定されており、発起人は、連帯して、株式会社の設立に関してした行為についてその責任を負い、株式会社の設立に関して支出した費用を負担することとされています。これにより、発起人は、払込金の返還について責任を負うこととなり、また、定款認証手数料などの会社の設立に関して支出した費用を負担することとなります。なお、この責任は無過失責任とされています。

またこれらの民事上の責任のほか、不健全な会社の設立は、会社債権者および他の株主の利益を害することとなりますので、発起人および設立時取締役に対して、特別背任罪（会社法第960条第１項）、会社財産を危うくする罪（会社法第963条第１項）などの刑事罰や過料の制裁（会社法第976条）を科すことにより、不健全な会社の設立が抑止されています。

税理士業務における**留意点**

会社の設立に当たっては、少なくとも発起人は必要となりますが、発起人や設立時取締役は、厳格な法的責任を負っていることを理解しておきましょう。

Q10
設立無効事由

Q　会社の設立が無効とされる場合について教えてください。

A　設立手続に著しい瑕疵が認められるときには、株式会社の設立が無効となることがあり得ます。

会社の設立が無効であるとの主張は、設立無効の訴えによって行う必要があります（会社法第828条第１項第１号）。無効事由については、会社法上明記されておらず、解釈に委ねられていますが、一般には、法的安定性を重視する観点から、設立手続に重大な瑕疵がある場合に限られると解されており、無効事由の例として挙げられるのは、定款の絶対的記載事項の定めに重大な瑕疵がある場合、設立時発行株式を１株も引き受けない発起人がいる場合、設立に際して出資される財産の価額（会社法第27条第４号）に相当する出資がない場合など、極めて例外的な事情といえます。また、設立無効の訴えは、会社の成立の日から２年以内に提起する必要があり（会社法第828条第１項第１号）、訴えを提起できる者は、会社法第828条第２項第１号に定められる株主等（株主、取締役、監査役（監査役設置会社の場合）、執行役（指名委員会等設置会社の場合）または清算人）に限られていることから、このような要件からも、会社の設立が無効とされるのは、例外的な場合ということができます。

また、設立されるべき株式会社の定款が発起人の有効な署名を欠き、払込金の大部分が欠如し、創立総会の招集もなく、会社の運営に当たるべき機関が選出されず、会社の設立登記が法定の資格のない者によりなされて無効であるなどの事情に基づき、株式会社の不存在を認めた裁判例もあります（東京高判昭和36年11月29日下級民集12巻11号2848頁）。

上記裁判例の事案は、払込みがいわゆる見せ金に当たり、無効であるとして、上記判断がなされたものです。なお、見せ金について判示した最判昭和38年12月６日民集17巻12号1633頁では、商法（現会社法）において、現実の支払確保のための規定が設けられていることから、真実の株式の払込みをする意図なく、払込みの外形を整えた場合は、払込みの効力を有しないとされ、上記意図の判断要素として、会社成立後払込みに要した借入金を返済するまでの期間の長短、払込みをした金員が払戻しの後会社資金として運用された事実の有無、あるいは借入金の返済が会社の資金関係に及ぼす影響等が考慮要素とされています。会社の設立に当たっては、見せ金とする意図がないとしても、見せ金と評価されないように留意する必要があります。

税理士業務における**留意点**

解説にあるように、設立が無効とされる事態はそれほど発生するものではありません。ただ、設立の手続きに瑕疵がある場合は、設立が無効となることもある、という意識を持って設立手続に当たることは必要といえるでしょう。

第2章

株主総会

本章では、株主による合議体であり、株式会社の最高意思決定機関である株主総会について概観します。

Q11
株主総会の役割

Q　会社において株主総会はどのような役割を担っているのでしょうか。

A　株主総会は、株式会社としての意思を決定する機関であり、決議により会社の基本的意思決定を行う役割を担っています。会社の運営・管理上の意思決定は、株主総会において選任された取締役によって行われます。

株主総会とは、会社の所有者である株主によって構成され、会社としての意思を決定する機関であり、すべての株式会社に設置されます。他方、会社の業務に関する意思決定は、取締役が行うとされています（会社法第348条第１項、第２項）。株主総会と取締役との意思決定機関としての役割分担は、業務執行に関する意思決定が取締役会に委ねられる取締役会設置会社と、取締役会の設置されていない会社とで、大きく異なることとなります。

取締役会の設置されていない会社においては、株主総会が、業務執行に関する事項についても判断する権限を有する建付けとなりますので、会社法に規定する事項および株式会社の組織、運営、管理その他株式会社に関する一切の事項について決議をすることができます（会社法第295条第１項)。

他方、取締役会設置会社は、業務執行を原則として取締役会の決定に委ねる機関構成であり、株主総会は、会社法に規定する事項および定款で定めた事項に限り、決議をすることができるものとされています（会社法第295条第２項)。ここにいう会社法に規定する事項は、定款の変更や合併などの会社の基礎に根本的な変動を生ずる事項（会社法第466条、第783条第１項、第795条第１項など)、取締役等の機関等の選任・解任に関する事項（会社法第329条、第339条など)、計算書類の承認等の計算に関する事項（会社法第438条第２項など)、剰余金の処分など株主の重要な利益に関する事項（会社法第451条第２項など)、取締役等の報酬等の決定など他の機関の決定に委ねた場合に株主の利益を害する可能性が高い事項（会社法第361条第１項など）などに大別されます。また、取締役会設置会社は、業務執行に係る意思決定を取締役会に委ねる法制度であるため、定款で定めることにより株主総会の決議事項とすることのできる範囲には一定の制約があると解されているところ、近時の判例において、非公開会社においては、会社法第362条第３項により、取締役会において選定されると規定されている代表取締役を、株主総会決議によっても定めることができる旨の定款の規定が有効と判断され（最判平成29年２月21日民集71巻２号195頁)、注目されています。

上記のとおり、取締役会の設置されていない会社においては、取締役会設置会社に比して株主総会の役割が大きく、株主の経営への関与の程度が高まるため、取締役の監視機関である監査役の設置が任意となるなど、取締役会設置会社と比べて採用し得る機関設計や会社法上の手続きに違いがあります。したがって、取締役会設置会社とするか否かは、会社のガバナンスに密接に関連することになりますので、会社運営の在り方に応じて判断すべき事柄といえます。

税理士業務における**留意点**

株主総会の権限の範囲は、取締役会が設置されている場合と設置されていない場合とで大きく異なります。この点は押さえておきたいところです。

Q12
株主総会開催の手続き

Q　株主総会開催の手続きについて教えてください。

A　取締役（取締役会）による招集の決定、招集通知の送付、議事、決議によって行われ、議事録を作成する必要があります。

1　株主総会の招集手続

株主総会は、取締役の決定（会社法第298条第１項。ただし、同条第４項の規定により、取締役会設置会社においては、取締役会の決議に従い、代表取締役が招集します）により、招集が決定され、会社法の定める招集の手続きを経た上で開催されます。招集の決定に当たっては、株主総会の日時・場所、議題、書面または電磁的方法による議決権行使を認める場合はその旨、その他会社法施行規則第63条に定める事項を決定しなければなりません（会社法第298条第１項）。その上で、取締役は、株主総会の日の２週間前までに、株主に対して招集の通知を行わなければなりません（会社法第299条第１項。ただし、非公開会社においては、書面による議決権行使または電磁的方法による議決権行使を認めていない場合は、１週間前までに行えば足り、定款規定による短縮も認められています)。招集通知の方法は、口頭によるなど適宜の方法で足りますが、書面による議決権行使または電磁的方法による議決権行使を認める場合もしくは取締役会設置会社の場合は、書面によって行わなければなりません(同条第2項)。

以上の原則に対して、株主が一人しかいない場合には、招集手続なしに株主総会が成立すると解されており(最判昭和46年6月24日民集25巻4号596頁)、また、招集手続が行われていなかったとしても、株主全員が出席して決議を行えば、当該決議は有効に成立し得るものと解されています(最判昭和60年12月20日民集39巻8号1869頁)。なお、会社法上も、書面または電磁的方法による議決権行使を認める場合を除き、株主全員の同意がある場合、招集手続を経ることなく株主総会を開催することが認められています(会社法第300条本文)。

また、取締役または株主が議題についてなした提案について、書面または電磁的記録により、同意の意思表示をしたときは、当該提案を可決する旨の株主総会の決議が行われたものとみなされます(いわゆる書面決議。会社法第319条第1項)。

2　株主総会の議事運営

株主総会の議事は、議長によって行われます(会社法第315条第1項)。会社法上、議事運営については、取締役の説明義務(会社法第314条本文)が定められているほかには、詳細な規律がなされておらず、多くの場合定款の規定や慣習に従って議事運営が行われることとなります(ただし、議題に関しない事項など、会社法施行規則第71条に定める場合には、説明義務はありません)。例えば、取締役の説明義務の程度については、株主が株主総会の目的事項を合理的に判断するのに客観的に必要な範囲の説明がなされれば足りるとされているのみですので（最判昭和61年９月25日金法1140号23頁およびその原審東京高判昭和61年２月19日判時1207号120頁）、取締役がいかなる程度の説明をなせば株主総会決議の取消しの訴えの対象となり得る瑕疵と認められないかの判断は、株主の個々の質問ごとに具体的に行う必要があります。

決議の方法および議事録の作成については、**Q13**および**Q14**において解説します。

税理士業務における**留意点**

上記１の末尾にあるように、株主総会については、実際に会議を開催せずに、書面による決議を行う方法も認められています。株主の少ない中小企業の場合には、このような書面決議の方法を採用することも、よくあるかと思われます。その場合でも、**Q14**のとおり、株主総会議事録を作成する必要はありますので、注意が必要です。

Q13
株主の議決権と株主総会の決議

Q　株主の議決権と株主総会の決議の方法について教えてください。

A　株主は、原則として1株当たり1議決権を有していますが、例外的な場合には議決権が認められていません。

**　また、株主総会の決議には、普通決議、特別決議、特殊決議があり、それぞれに定める定足数要件および多数決要件を満たす必要があります。**

株主は、原則として１株当たり１議決権を有しており（会社法第308条第１項)、例外的に議決権制限株式（会社法第108条第１項第３号、第２項第３号)、単元未満株式（会社法第189条第１項)、相互保有株式（会社法第308条第１項かっこ書）および自己株式（会社法第308条第２項）については議決権が認められません。また、株主が譲渡制限株式を譲渡しようとする場合に行われる株主総会決議における当該株主など、決議につき特別の利害関係を有する者が議決権を行使し、著しく不当な決議がされたときは、株主総会決議の取消事由に該当します(会社法第831条第１項第３号）。

株主総会決議の成立要件としては、定足数要件および多数決要件が定められています。普通決議については、定足数要件として、議決権を行使することができる株主の議決権の過半数の出席が求められ、多数決要件としてその出席株主の過半数の賛成が求められます（会社法第309条第１項）。ただし、定足数要件については、同項により、定款の規定による引下げが認められています（なお、会社法第341条により、役員の選任・解任決議については議決権を行使することができる株主の議決権の３分の１が下限とされています）。事業譲渡に係る株主総会決議など、会社法第309条第２項に列挙される重要な事項に関する株主総会決議は、定足数要件として、普通株主総会と同様、議決権を行使することができる株主の議決権の過半数の出席が求められますが、定款の規定による定足数の引下げについて、議決権を行使することができる株主の３分の１を下限とする制限が設けられています（会社法第309条第２項）。特別決議の多数決要件は、その出席株主の３分の２以上の賛成と定められ、定款による下限の引上げのみ認められています（同項）。特殊決議とは、例えば、非公開会社において、剰余金の配当、残余財産分配、ないし議決権について株主ごとに異なる取扱いをすることを定める定款の規定を設ける変更について、総株主の過半数以上（議決権の割合ではなく、頭数要件として定められています）であって、総株主の議決権の４分の３以上に当たる多数をもって行われなければならず（会社法第309条第４項）、定足数要件はないものの、多数決要件が特に加重されています。

以上の各決議の主だった決議事項と決議要件は下表のとおりとなります。

	決議要件	決議事項
普通決議	議決権を行使することができる株主の議決権の過半数を有する株主が出席し、出席した当該株主の議決権の過半数の一致	取締役・監査役の選任、取締役の解任・剰余金の配当等
特別決議	議決権を行使することができる議決権の過半数を有する株主が出席し、出席した当該株主の議決権の3分の2以上の一致	合併契約・会社分割等の承認、事業譲渡、定款変更、監査役の解任、解散、特定株主からの自己株式の取得、相続人への譲渡制限株式の売渡請求等
特殊決議	議決権を行使することができる株主の半数（頭数）以上であり、当該株主の議決権の3分の2以上の一致	発行する全株式を譲渡制限株式にする決議等
	総株主の半数（頭数）以上であって、総株主の議決権の4分の3以上の一致	剰余金の配当、残余財産の分配、議決権について株主ごとに異なる取扱いを定める定款の変更（属人的株式の導入）

税理士業務における**留意点**

株主総会の決議のうち典型的なものは、普通決議（過半数）および特別決議（3分の2以上）です。これらを中心に、大まかな内容は理解しておきたいものです。

Q14
株主総会終了後の事務

Q　株主総会終了後にはどのような事務が必要になりますか。

A　株主総会議事録を作成し、株主総会の日から10年間、会社の本店に備え置き、支店には、議事録の写しを株主総会の日から5年間備え置く必要があります。また、登記事項に変更が生じた場合には、2週間以内に登記を行う必要があります。

株主総会の議事については会社法施行規則第72条に定めるところにより、議事録を作成しなければならず（会社法第318条第１項）、会社は、株主総会の日から10年間、議事録を本店に備え置き、株主総会の日から５年間、議事録の写しを支店に備え置かなければなりません（同条第２項、第３項）。

また、取締役または株主の提案について、株主の全員が書面または電磁的記録により同意の意思表示をしたことにより、当該提案を可決する株主総会の決議があったものとみなされる、いわゆる書面決議の場合（会社法第319条第１項）には、会社法施行規則第72条第４項により、当該決議があったものとみなされた事項の内容、提案者の氏名または名称、株主総会の決議があったものとみなされた日、議事録の作成に係る職務を行った取締役の氏名を内容として議事録が作成される必要があります。

なお、株主および債権者は、会社の営業時間内は、いつでも、株主総会の議事録の閲覧または謄写の請求をすることができます（会社法第318条第４項）。また、会社の親会社社員は、その権利を行使するため必要があるときは、裁判所の許可を得て、株主総会の議事録の閲覧または謄写の請求をすることができます（同条第５項）。

上記株主総会議事録の作成等に加え、登記事項（株式会社につき、会社法第911条第３項各号）に変更が生じたときは、２週間以内に、その本店所在地において、変更の登記をしなければならず（会社法第915条第１項）、取締役等の重任の場合であっても同様です。登記を懈怠した場合、100万円以下の過料に処されることがあり得ますので、注意が必要です。

税理士業務における**留意点**

株主総会議事録は、法律で作成が義務付けられた重要なものです。役員変更などの登記が必要な事項については、登記申請の義務があることも含めて、押さえておきましょう。

Q15 株主総会運営に当たっての留意点

Q　株主総会の運営に当たって留意すべき点を教えてください。

A　株主総会決議の取消しの訴えの対象とならないよう、株主総会に関する手続きの適法性について留意すべきといえます。

株主総会は、会社の所有者である株主によって構成され、会社の基本的事項に関する意思決定機関ですので、個々の株主の意思が議決権の行使という形で適切に株主総会決議に反映されなければなりません。そのため、株主の意思表明に影響を及ぼす手続き上の不備（瑕疵）が認められる場合には、当該手続きの下での株主総会決議は当然に無効とすべきとも考えられます。しかしながら、会社法は、およそ株主総会と言い得る会議体が構成されなかった場合は格別、株主総会決議が会社とその利害関係者との法律関係の基礎となることから、法的安定性を確保するために、株主総会決議の瑕疵があったとしても当然に無効とするのではなく、当該瑕疵の存在を理由に決議の効力を争う手続きとして、株主総会決議の取消しの訴えの制度を定めています。したがって、株主総会の運営に当たっては、この株主総会決議の取消しの訴えにより決議が取消されることのないように、株主総会の手続きの適法性に留意しなくてはなりません。なお、会社法の定める株主総会に係る招集手続等が一切履践されていない場合や手続き上の瑕疵が著しい場合には、当該株主総会は不存在であるとして決議は当然に不存在となって効力を生じません。

具体的には、株主総会の招集の手続きまたは決議の方法が法令もしくは定款に違反するときなどが株主総会決議の取消事由となり（会社法第831条第１項各号）、取消しの訴えにより、株主総会決議が取り消されることとなりますので、株主総会の招集手続（**Q12**）や決議手続（**Q13**）が法令または定款に反することのないよう細心の注意を払うべきであるといえます。

この点、会社法に明示的に定められていない手続きであっても、株主の意思が適切に反映されない方法による場合には手続きに瑕疵が存在すると認められ得ることには留意が必要です。例えば、採決の方法は会社法上特に規定されておらず、賛成が圧倒的多数であることが明らかである場合などは拍手の方法によることが一般的ですが、賛成票と反対票が拮抗する場合には、それぞれの数を確定することができる方法によるべきであるとされています。

なお、株主総会の招集の手続きまたは決議の方法が法令または定款に違反するときであっても、裁判所は、その違反する事実が重大でなく、かつ、決議に影響を及ぼさないものであると認めるときは、株主総会決議取消の訴えに係る請求を棄却することができるとされています（会社法第831条第２項）。

税理士業務における**留意点**

中堅・中小企業の場合には、上場会社の場合ほどには、株主総会の開催に当たって膨大な準備を行うことはないかもしれません。しかし、株主総会の手続きについては会社法が詳細に定めているため、その手続きに違背する事態がある場合には、株主総会の決議が取り消されることもあり得ます。このことは意識した上で、株主総会に臨む必要があります。

Q16 株主総会資料の電子提供制度

Q　令和元年会社法改正で新たに導入された株主総会資料の電子提供制度について教えてください。

A　株主総会資料の電子提供制度とは、概要、会社が、株主に対して、株主総会資料の書類を交付・提供する代わりに、これらの書類に記載すべき事項に係る情報を電磁的方法により提供する措置を講じる制度をいいます。

株主総会資料の電子提供制度とは、概要、会社が、株主に対して、株主総会資料の書類を交付・提供する代わりに、これらの書類に記載すべき事項に係る情報を電磁的方法により提供する措置（電子提供措置）を講じる制度をいいます（会社法第325条の２）。端的にいえば、これまで各株主に「書面」で渡していた株主総会資料について、「書面」の代わりに、会社のウェブサイト等において「電子ファイル」を掲載することで足りることとする制度です。したがって、この電子提供制度の導入後においては、会社は、原則として株主総会資料を書面で作成・交付する必要がなくなります(注)。

そのような観点から、株主総会資料の電子提供制度の意義・メリットとしては、まず、①会社が株主総会資料の印刷・郵送等に要する手間・費用を削減できるということが挙げられます。また、②従来よりも早期に株主に対して株主総会資料を提供することや、株主総会資料に盛り込む情報をより充実させることが可能となり、その結果、会社と株主との間の対話・コミュニケーションの質が向上するということが挙げられます。

株主総会資料の電子提供制度は、株式会社であればその機関設計や規模等にかかわらず導入が可能ですが、振替株式を発行する上場会社等にはその導入が義務付けられています（社債、株式等の振替に関する法律第159条の２第１項）。そして、株主総会資料の電子提供制度の導入には定款規定が必要となります（会社法第325条の２）が、上場会社等については、上記のとおりその導入が義務付けられていることとの関係で、株主総会資料の電子提供制度に関する規定の施行日（本**Q16**の末尾参照）において、かかる定款規定を定める旨の定款変更をしたものとみなされることになります（会社法の一部を改正する法律の施行に伴う関係法律の整備等に関する法律第10条第２項、同法附則第３号、令和元年改正会社法附則第１条ただし書）。

以上のとおり、株主総会資料の電子提供制度は、会社と株主との間の対話を後押しする、これからの新しい時代の株主総会を目指した制度といえますが、その導入に際しては、以下の点に留意する必要があります。

(1)　電子提供措置の期限

会社法では、招集通知の発送期限は、原則として株主総会の開催日の２週間前（非公開会社の場合には１週間前）とされています（会社法第299条第１項）が、電子提供措置については、その実施期限が原則として株主総会の開催日の３週間前とされており（会社法第325条の３第１項）、その期限が前倒しされています。これは、上記のとおり株主総会資料の印刷・郵送等に要する手間を削減できることにより、従来よりも早期に株主に対して株主総会資料を提供することが可能になると考えられるためです。

⑵ 書面交付請求

上記のとおり、株主総会資料の電子提供制度下では、株主総会資料は、「書面」でなく、「電子ファイル」で提供されることが原則となります。しかしながら、株主総会資料の電子提供制度下でも、例外的に、株主は会社に対して書面で株主総会資料を提供することを請求することができます（会社法第325条の５第１項）。

このような書面交付請求が認められたのは、いわゆる「デジタル・ディバイド」の問題があるためです。デジタル・ディバイドとは、一般的に、インターネットやパソコン等の情報通信技術を利用できる者とできない者との間に生じる格差を意味していますが、高齢者を中心として、インターネットやパソコン等を利用して株主総会資料を閲覧・検討することが困難な株主も存在することから、そのような株主のために書面で株主総会資料を提供することが請求できる余地が残されました。

書面交付請求を受けた会社は、書面交付請求を行った株主に対して、招集通知を発送する（発送期限：株主総会の開催日の２週間前（会社法第325条の４第１項、会社法第299条第１項））際に、併せて書面で株主総会資料を提供する必要があります（会社法第325条の５第２項）。

これらの株主総会資料の電子提供制度に関する規定の施行日は、令和元年改正会社法の公布日（2019年12月11日）から３年６か月以内において政令で定める日とされています（令和元年改正会社法附則第１条ただし書）。なお、現時点で施行日は確定していませんが、2023年４月または５月あたりの時期ではないかと予想されています。また、株主総会資料の電子提供制度の導入が義務付けられる上場会社等については、上記施行日からさらに６か月間は現行会社法に基づく招集手続が適用されることになります（会社法の一部を改正する法律の施行に伴う関係法律の整備等に関する法律第10条第３項）ので、留意が必要です。

税理士業務における**留意点**

上場会社・大企業に限らず、非上場会社・中小企業においても株主総会資料の電子提供制度を導入することは可能であり、事務の効率化の観点から導入を検討する会社も現れる可能性もありますので、制度の概要を理解しておく必要があります。

（注）本制度の詳細については、伊藤広樹編著『会社法改正後の新しい株主総会実務―電子提供制度の創設等を踏まえて』（中央経済社、2019年）参照。

Q17

株主提案権とは何か。どのような改正がなされたか

Q　株主提案権とはどのような制度でしょうか。また、令和元年会社法改正で株主提案権に関する規定の改正がなされたということですが、どのような改正がなされたのでしょうか。

A　株主提案権とは、株主が株主総会において議題の提案や議案の提出をする権利をいい、議題提案権、議案提出権および議案要領通知請求権から構成されます。令和元年会社法改正により、議案要領通知請求権について、株主が請求できる議案の数が制限されることとなりました。

1　概要

株主総会において「議題」と「議案」という単語が用いられることが多いですが、それぞれ「議題」とは株主総会の目的である事項のこと

をいい、「議案」とは、議題について株主総会の決議に付される具体的事項のことをいいます。例を挙げると、「取締役選任の件」が「議題」で、「A氏を取締役に選任する」といった具体的な決議事項が「議案」になります。

また、株主提案権は、議題提案権（会社法第303条）、議案提出権（会社法第304条）および議案要領通知請求権（会社法第305条）の三つの権利から構成されています。「議題提案権」は文字どおり株主が議題を提案できる権利で、「議案提案権」は株主が議場で議案（動議）を提出できる権利です。そして、今回の改正の対象となった「議案要領通知請求権」は、株主が提案しようとする議案の要領を株主に通知することを要求できる権利で、この権利により、株主は自分で費用や事務作業の負担を負うことなく、他の株主に対し自分が提案しようとする議案を株主総会前に周知させることが可能となるわけです。

2　改正の背景

改正の背景には、株主による株主提案権の濫用という事情がありました。

すなわち、株主提案権は株主にとっては会社経営に参加するという面で非常に有益な権利ですが、改正前は、提案できる議案の数に制限がなかったため、ある株主が「オフィス内の便器を和式として足腰を鍛錬する」や「取締役の社内での呼称を『クリスタル役』とする」といったような議案を大量に提案するケースなど、株主提案権が濫用される傾向が見受けられました。

こうしたことから、今回の改正により株主提案権について一定の規制が設けられました。

3　改正の内容

⑴　制限の内容

令和元年会社法改正により、株主が議案要領通知請求により、他の株主に通知することを請求できる議案の数が10個に制限されました（会社法第305条第４項前段）。もっとも、当該制限はあくまでも議案要領通知請求に課されるにとどまり、議題提案権や議場における議案提案（動議）の数には引き続き制限がない点に留意が必要です。

⑵　議案数の数え方

上記の規制を受け、議案数の数え方について、新たに規定が設けられました。

具体的には、役員等の選任・解任・不再任に関する議案については、これらの対象となる役員等の人数を基礎に議案を数えると、提案できる議案の数を過度に制限することになるため、選任につき１議案、解任につき１議案、不再任につき１議案と扱われます（会社法第305条第４項後段第１号～第３号）。また、定款変更に関する議案については、「当該２以上の議案について異なる議決がされたとすれば当該議決の内容が相互に矛盾する可能性がある場合」には１議案と扱われます（同項後段第４号）。

⑶　議案が10個を上回った場合の取扱い

議案要領通知請求によって提出された議案の数が10個を上回る場合はどうなるのでしょうか。この場合、当該請求全体が無効になるわけではなく、10個を上回る部分のみ請求がないものと扱われます（会社法第305条第４項柱書）。この際、当該議案相互の優先順位については、原則として取締役が自由に定めることができます（会社法第305条第5項本文）が、提案株主が優先順位を定めている場合にはそれに従う必要があります（同項ただし書）。

税理士業務における**留意点**

中小企業の場合には、株主が株主提案権を行使する機会は比較的少ないかもしれませんが、だからこそ会社側にノウハウ等がない場合が多く、税理士としても、概要を知っておき、必要に応じて弁護士を紹介するなどの対応ができれば、依頼者にとって有益であろうと思われます。株主による議案要領通知請求に対して、会社が適正に取り扱わない場合には、株主総会の決議が取り消されることもあり得ますので、株主提案権の制度についてはしっかり押さえておきましょう。

第3章

取締役と取締役会

本章では、会社経営の中核をなす機関である取締役と取締役会に関するルールを概観します。

Q18

取締役の職務

(取締役会が設置されていない場合)

Q 取締役会が設置されていない株式会社における取締役の職務の概要について教えてください。

A 各取締役が、原則として業務を執行し、また、単独で会社を代表します。

1　取締役の職務

会社は、事業戦略を策定し、使用人を雇用し、原材料を仕入れ、製品を製造し、販売するといったさまざまな事業活動を行います。会社法上、このような事業活動に関する意思決定を業務の決定（会社法第348条第２項）または業務執行の決定（会社法第362条第２項第１号）といい、その決定を実行して事業活動を実際に遂行することを業務の執行（会社法第348条第１項）といいます。

また、業務の執行には、計算書類の作成などのような対内的なものと第三者との取引のような対外的なものがあります。このうち、対外的な業務執行を、代表取締役のように包括的な権限を持つ者が行う場合、代表といいます（会社法第349条第１項）。

2　業務の執行と業務執行の決定

取締役会が設置されていない株式会社においては、各取締役は、定款に別段の定めがある場合（例えば、特定の取締役の業務執行権限を制約する場合等）を除き、単独で会社の業務を執行することができます（会社法第348条第１項）。

取締役が二人以上いる場合、会社の業務の決定は、定款に別段の定めがある場合を除き、取締役の過半数をもって行います（同条第２項）。法定された重要事項を除いて、業務の決定は、各取締役に委任することができます。①支配人の選任および解任、②支店の設置、移転および廃止などが、各取締役にその決定を委任できない法定された重要事項に該当します（同条第３項）。

取締役が一人の場合、当該取締役は、単独で業務執行の決定を行い、執行することができます。

取締役は、業務執行の決定および業務の執行権限の一部を使用人（従業員）に委任することができるため、会社の日常的な業務の決定および執行（商品仕入や販売等）は、通常、委任を受けた使用人が行っています。

3　代表

(1)　取締役による「代表」とは

取締役が会社を代表するということは、取締役が会社の名前で第三者とした行為の効果が会社に帰属することを意味します。

取締役会が設置されていない株式会社の場合、各取締役が会社を代表する（換言すれば、全取締役が代表取締役になる）のが原則となりますが（会社法第349条第１項本文、第２項）、代表取締役を定めることもでき、その場合、当該代表取締役が会社を代表することとなり（同条第１項ただし書）、代表取締役以外の取締役は代表権を持たないことになります。代表取締役を定める場合、①定款、②定款の定めに基づく取締役の互選、または③株主総会の普通決議によって、取締役の中から定めることになります（同条第３項）。

⑵　代表権の範囲

代表取締役の権限は、会社の業務に関する一切の裁判上または裁判外の行為に及びます（会社法第349条第４項）。代表取締役の権限は、定款や取締役会規則のような内規により制限することができますが、その制限は善意の第三者に対抗することはできません（同条第５項）。そのため、例えば、会社が代表取締役の内規違反を理由に当該代表取締役の行った取引の効力を当該取引の相手方との関係で否定しようとした場合、当該取引の効力は、当該相手方が当該内規違反について知っていたか否かによって決まることになります。なお、代表取締役の代表権の例外、代表権濫用、表見代表取締役および代表取締役の不法行為については、**Q22**を参照ください。

⑶　代表と代理

代表の類似概念として、代理というものがあります。代理においては、代理人が本人のためにした行為の効果が本人に及びます（民法第99条第１項）。代表においても、代表者が会社のためにした行為の効果は会社に及びますので、両者は同様の法律構造にあるといえます。伝統的な理論において、代理人の行為は本人の行為ではないが、代表者の行為は会社の行為そのものであるとして、両者を異なる概念として説明する考え方もありますが、両者は基本的に同じであり、ただ、権限の包括性（会社法第349条第４項）や不可制限性（同条第５項）といった特徴を考慮して、異なる名称を付しただけであると理解しておくことでよいと考えられます(注)。

税理士業務における**留意点**

会社からの依頼により取締役に就任したり、また、自らがコンサルティング会社等を設立して代表取締役に就任するなど、税理士が取締役に就任することも少なくないと思われます。そのような場面において、取締役の基本的な職務の内容を理解しておく必要があります。

（注）　田中亘『会社法 第2版』東京大学出版会、2018年、232頁。

Q19

取締役会の権限等

Q　①取締役会の権限および②取締役会設置会社における取締役の職務について教えてください。

A　①取締役会は、会社の業務執行の決定、取締役の職務の執行の監督、ならびに代表取締役の選定および解職に係る職務を行います。②取締役会設置会社における取締役は、基本的に取締役会の構成員として、取締役会を通じて権限を行使します。

1　取締役会の権限

取締役会は、すべての取締役により組織され（会社法第362条第１項）、①会社の業務執行の決定、②取締役の職務の執行の監督、ならびに③代表取締役の選定および解職に係る職務を行います（同条第２項各号）。なお、取締役会設置会社においては、取締役は三人以上でなければなりません（会社法第331条第５項）。

(1)　会社の業務執行の決定

取締役会は、会社の業務執行の決定を行います（会社法第362条第２項第１号）。具体的には、経営の基本方針、取締役会規則等の会社の運営・管理に関する規則、具体的な取引の実行等の決定がなされることが考えられます。

もっとも、取締役会が、日々の業務執行のすべてを決定することは現実的ではないため、通常、代表取締役その他の取締役に委任されます（会社法第362条第４項）。ただし、以下の事項等の重要事項については、その決定を代表取締役等に委任することはできず、取締役会が自ら決定しなければなりません。

① 重要な財産の処分および譲受け（同項第１号）
② 多額の借財（同項第２号）
③ 支配人その他の重要な使用人の選任および解任（同項第３号）
④ 支店その他の重要な組織の設置、変更および廃止（同項第４号）
⑤ 社債の発行に関する事項（同項第５号）
⑥ 内部統制システムの整備（同項第６号）
⑦ 定款の定めに基づく役員等の責任の免除（同項第７号）
⑧ その他の重要な業務執行の決定（同項柱書）
⑨ 株主総会の招集に関する決定（会社法第298条第４項）

⑵ 取締役の職務の執行の監督

取締役会は、取締役の職務の執行を監督します（会社法第362条第２項第２号）。取締役の職務には、使用人の指揮および監督も含まれますので、取締役会の監督対象は、使用人によって担われている部分を含め、会社の業務全般に及びます。

取締役会による監督は、会社の業務執行の状況を代表取締役その他取締役または使用人に対して報告・資料の提供等を求めること、それらを取締役会において審議・検討すること、その適否を判断すること等を通じて行われます。また、その監督過程においては、監査役や会計監査人等の意見を聴取すること、さらには、必要に応じて社外の専門家の意見を聴取することも求められます(注)。

なお、代表取締役および取締役会の決議によって会社の業務を執行する取締役として選定された者は、3か月に1回以上、自己の職務執行の状況を取締役会に報告することを求められます(会社法第363条第2項)。これは、取締役会が取締役の職務執行の監督権限を適正に行使できるようにするためです。

(3) 代表取締役の選定および解職

取締役会は、取締役の中から代表取締役を選定し、また、代表取締役の解職を行います(会社法第362条第2項第3号)。取締役会は、取締役の中から、少なくとも一人の代表取締役を選定しなければなりません(同条第3項)。代表取締役の解職に理由は必要ありません。

代表取締役が取締役の地位を失うと代表取締役の地位も失います。代表取締役を辞職しまたは解職されても、取締役の地位までは失いません(代表権のない取締役となります)。

2 取締役会設置会社における取締役の職務

取締役会は、すべての取締役で構成され(会社法第362条第1項)、会社の業務執行の決定をします(同条第2項第1号)。取締役は、取締役会の構成員にすぎず、取締役会を通じて権限を行使するのが基本となります。

もっとも、上記のとおり、重要事項に関するもの以外の業務執行の決定や業務執行については、代表取締役以下の取締役や使用人に委任することができ、通常、そのように委任されています。したがって、取締役は、委任された業務執行の決定や業務執行を行うことができます。

なお、会社法上、①代表取締役、②取締役会の決議によって会社の業務を執行する取締役として選定された者、および③会社の業務を執行したその他の取締役（例えば、代表取締役より委任を受けて業務執行を行った場合など、①および②以外の場合で業務執行を行った取締役）を業務執行取締役といいます（会社法第２条第15号イ）。

例えば、規模の大きな会社では、営業、財務、法務・コンプライアンス、人事などの部門ごとに、担当する業務執行取締役を定めていることが多いと思われます。

業務執行取締役は、委任された業務執行の決定および業務執行の権限の一部を使用人に再委任することができます。ただし、その場合、業務執行取締役は、当該使用人の選任・監督に関する責任を負うことになります。

また、会社の代表（対外的な業務執行）は、代表取締役によって行われますが、代表取締役は、他の取締役や使用人に対し、代理権を与えることにより、対外的な業務執行を委任することができます。

なお、取締役が業務執行取締役とされることの重要な効果の一つとして、その取締役は、社外取締役になれないことが挙げられます（会社法第２条15号イ）。社外取締役については、本章末尾のコラムを参照してください。

税理士業務における**留意点**

取締役会が設置されていない株式会社における取締役の権限（**Q18**参照）は、取締役会設置会社における取締役の権限よりも広範なものになります。例えば、前者においては、重要な財産の処分および譲受け、多額の借財その他の重要な業務執行の決定を各取締役に委任できますが、後者においては、各取締役に委任できず、取締役会において決定しなければなりません。

（注）　落合誠一編『会社法コンメンタール８』商事法務、2009年、218頁〔落合誠一執筆〕。

Q20
取締役会の運営

Q　取締役会の運営について教えてください。

A　取締役会の招集は、各取締役が行うのが原則となりますが、定款や取締役会で取締役会を招集する取締役を定めることもできます。また、あらかじめ取締役（および監査役）全員の同意を得ておくことで、取締役会の招集手続を省略することもできます。取締役会の開催は、テレビ会議による方法も可能であり、また、一定の場合、いわゆる書面決議による（取締役会決議を省略する）こともできます。取締役会の決議は、議決に加わることができる取締役の過半数が出席し、出席した取締役の過半数をもって行います。ただし、決議事項に特別の利害関係を有する取締役は、議決に参加することができません。

1　取締役会の招集

取締役会は、すべての取締役により組織されます（会社法第362条第1項）。そして、各取締役は、取締役会を招集することができます（会社法第366条第１項本文)。ただし、取締役会を招集する取締役(以下「招集権者」といいます) を定款または取締役会で定めることもできます(同項ただし書)。この場合、招集権者以外の取締役は、招集権者に対し、取締役会の目的である事項を示して取締役会の招集を請求することができます (同条第２項)。当該請求があった日から５日以内に、当該請求があった日から２週間以内の日を取締役会の日とする取締役会の招集の通知が発せられない場合、当該請求をした取締役は、取締役会を招集することができます (同条第３項)。

取締役会を招集する者は、取締役会の日の１週間前までに、各取締役 (監査役設置会社にあっては、各取締役および各監査役) に対してその通知を発しなければなりません (会社法第368条第１項)。取締役会の招集通知は、書面である必要はなく、口頭や電話等でも構いません。この１週間の招集期間は定款の定めにより短縮することができ(同項かっこ書)、また、取締役 (および監査役) 全員の同意があるときは、招集手続を省略することもできます (同条第２項)。したがって、あらかじめ取締役会の定例日を定め、都度の招集手続を省略することもできます。

2　取締役会の議事・決議

(1)　議事

取締役会の議事について、会社法上特段の規定はないため、定款や取締役会規則などの内規や慣行に従い行われることになります。招集権者や他の取締役が提案した議題・議案に関し、協議・意見交換を通じて審議がなされ、意思決定が行われることが基本になります。議長についても、特段の規定はなく、定款・取締役会規則や取締役会で適宜定めることになります。

取締役会の開催は、取締役が一堂に会して意見交換を行った上で意思決定することが原則となります。取締役による相互の協議・意見交換の形が確保されていることから、テレビ会議による方法も認められています。

取締役会は、現実に会議を開催することを要し、原則として、取締役会議事録を各取締役に回覧して署名させる方法（いわゆる持ち回り決議）は、有効な取締役会決議とは認められていません（注1）。

もっとも、一定の場合、取締役会の議事および決議を省略することができます（いわゆる書面決議）。すなわち、取締役が取締役会の決議の目的である事項について提案をした場合において、当該提案につき取締役の全員が書面（または電磁的記録）により同意の意思表示をしたとき（監査役設置会社にあっては、監査役が当該提案について異議を述べたときを除く）は、当該提案を可決する旨の取締役会の決議があったものとみなす旨を定款で定めることができます（会社法第370条）。なお、各取締役が同意の意思表示をした書面（または電磁的記録）は、当該決議があったとみなされた日から10年間、本店に備え置く必要があります（会社法第371条第1項）。

⑵　決議要件

取締役は、各人の経営能力を信頼して選任されることから、取締役会における各取締役の議決権は、一人一議決権となります。

取締役会の決議は、議決に加わることができる取締役の過半数が出席し、出席した取締役の過半数をもって行います（会社法第369条第1項）。この決議要件は、定款で定めることにより加重することはできますが（同項かっこ書）、軽減することはできません。

決議の公正を確保する観点から、決議について特別の利害関係を有する取締役（以下「特別利害関係人」といいます）は、議決に加わることができません（同条第２項）。例えば、取締役の競業取引や利益相反取引を承認する場合（会社法第365条第１項、第356条第１項）、取締役の責任の一部を免除する場合（会社法第426条）などにおける当該取締役は、決議について特別利害関係人に該当します（競業取引規制および利益相反取引規制については**Q26**を、取締役の責任の免除については**Q27**を参照）。

なお、代表取締役を解職する場合（会社法第362条第２項第３号）の当該代表取締役について、判例（注２）は、当該代表取締役は、私心を去って、会社に対して負担する忠実義務に従い公平に議決権を行使することは困難であり、特別利害関係人に該当すると解しています。他方で、代表取締役の選定（同号）における候補取締役については、一般的に、業務執行の決定への参加にほかならず、特別利害関係人には該当しないと解されています。

3　決議の瑕疵

取締役会の決議の内容や手続きに法令違反等の瑕疵がある場合、原則として、その取締役会決議は無効になります。ただし、瑕疵が軽微な場合は、例外的にその有効性が認められることもあります。また、無効な決議に基づく代表取締役の行為が当然に無効となるわけではありません（必要な取締役会決議を欠く代表行為の効力については**Q22**を参照）。

判例は、以下のような場合、瑕疵のある取締役会決議についてもその有効性を認めています。すなわち、一部の取締役に対する招集通知を欠くことにより、その招集手続に瑕疵がある場合においても、その取締役が出席してもなお決議の結果に影響がないと認めるべき特段の事情があるときや[注3]、議決について特別利害関係人が加わってされたものであっても、当該特別利害関係人を除外してもなお議決の成立に必要な多数が存するときは[注4]、取締役会決議は有効になると解しています。

税理士業務における**留意点**

取締役会の決議の内容や手続きに法令違反等の瑕疵がある場合、当該取締役会決議は、原則として無効になりますので、招集手続や決議要件なども含め、取締役会は適法に開催される必要があります。

（注１） 最判昭和44年11月27日民集23巻11号2301頁。
（注２） 最判昭和44年３月28日民集23巻３号645頁。
（注３） 最判昭和44年12月２日民集23巻12号2396頁。
（注４） 最判平成28年１月22日民集70巻１号84頁。

Q21
取締役会議事録

Q　取締役会議事録の記載内容およびその管理について教えてください。

A　取締役会議事録には、取締役会が開催された日時および場所、取締役会の議事の経過の要領およびその結果などが記載されます。取締役会議事録は、取締役会の日から10年間、本店に備え置かなければなりません。

1　取締役会議事録の作成

取締役会の議事については、議事録を作成し、出席した取締役（および監査役）は、これに署名し、または記名押印しなければなりません（会社法第369条第３項）。取締役会議事録は、電磁的記録により作成することもできますが（会社法施行規則第101条第２項）、この場合、出席した取締役（および監査役）は、電子署名をしなければなりません（会社法第369条第４項、会社法施行規則第225条第１項第６号）。

取締役会の決議に参加した取締役であって取締役会議事録に異議をとどめないものは、その決議に賛成したものと推定されます（会社法第369条第５項）。取締役の責任を追及する者の立証責任の負担を軽減する趣旨です(注)。取締役会議事録に異議をとどめなかった取締役は、決議に反対したことを別途証明することは可能ですが、証明できなかった場合には不利益を被りますので、自己が反対したことが明記されていない議事録への署名を拒む、または異議をとどめたことの記述を求める必要があります。

2　取締役会議事録の記載内容

取締役会議事録に記載しなければならない事項は法定されています(会社法施行規則第101条第３項)。例えば、以下の事項はこれに当たります。

① 取締役会が開催された日時および場所(当該場所に存しない取締役、監査役、会計監査人等が取締役会に出席をした場合における当該出席の方法(例えば、テレビ会議)を含みます)(同項第１号)

② 取締役会の議事の経過の要領およびその結果(同項第４号)

③ 決議を要する事項について特別の利害関係を有する取締役があるときは、当該取締役の氏名(同項第５号)

④ 取締役会に出席した会計監査人等の氏名または名称(同項第７号)

⑤ 取締役会の議長が存するときは、議長の氏名(同項第８号)

3　取締役会議事録の管理

取締役会議事録は、取締役会の日から10年間、本店に備え置かなければなりません(会社法第371条第１項)。

株主は、その権利を行使するため必要があるときは、会社の営業時間内は、いつでも取締役会議事録の閲覧または謄写を求めることができます(同条第２項)。ただし、会社が、監査役設置会社の場合、取締役会議事録の閲覧・謄写には、裁判所の許可が必要になります（同条第３項）。また、債権者も取締役や監査役等の役員の責任を追及するため必要があるときは、裁判所の許可を得て、取締役会議事録の閲覧または謄写を請求することができます（同条第４項）。

4　罰則

取締役会議事録に記載すべき事項を記載しなかった場合や虚偽の記載を行った場合、取締役等は、100万円以下の過料に処せられます（なお、定款、株主名簿、会計帳簿、貸借対照表、損益計算書、事業報告などの書類についても同様です）（会社法第976条第７号）。

また、取締役会議事録の10年間の備え置きをしなかった場合も同様に、100万円以下の過料に処せられます（同条第８号）。

税理士業務における**留意点**

取締役会議事録を作成していなかったり、取締役会議事録に事実と異なる記載をしていたり、あるいは、取締役会議事録を法定期間（10年間）保管していなかったりする場合、単に会社法に違反している状態になるというだけでなく、上記のように罰則の対象となりますので、留意する必要があります。

（注）　この推定規定により、取締役の責任を追及する者が、取締役が決議事項について賛成したことを証明する必要はなくなり、責任を追及される取締役において、責任を免れるために当該決議事項について反対したことを証明しなければならなくなります。

Q22
代表取締役の権限

Q　代表取締役の権限について教えてください。

A　代表取締役は、会社の業務を執行し、対外的には会社を代表する権限を有します。代表取締役の権限は、会社の業務に関する一切の裁判上または裁判外の行為に及ぶ包括的なものになります。

1　業務執行、業務執行の決定および代表

代表取締役は、会社の業務を執行し（会社法第363条第１項第１号）、対外的には会社を代表する権限を有します。代表取締役の権限は、会社の業務に関する一切の裁判上または裁判外の行為に及ぶ包括的なものです（会社法第349条第４項）。代表取締役が複数いる場合、各自が会社を代表します。

代表取締役の権限を定款や取締役会規則などの内規により制限することは可能ですが、このような内部的な制限について善意の第三者に対抗することはできません（同条第５項）。

代表取締役は、取締役会からの委任が禁止される一定の重要な事項（**Q19**参照）に係る決定を除き、取締役会から委任を受けて、業務執行の決定を行うことができます。日常的な業務執行（顧客との取引など）

に係る決定は、明示的な取締役会による委任の決議がなくとも、黙示的に委任されていると解されています。

代表取締役は、委任された業務執行の決定および業務執行の権限の一部を他の取締役や使用人に再委任することができ、また、対外的な業務執行についても、他の取締役や使用人に対し、代理権を与えることにより、委任することができます。会社の規模によっては、代表取締役がすべての業務執行の決定および業務執行を行うことは困難であり、通常、上記のように権限の委譲（委任）がなされます。

業務の執行、業務執行の決定および代表の用語の意味については、**Q18**を参照ください。

2　代表権の例外

上記のとおり、代表取締役の代表権は、会社の業務に関する一切の裁判上または裁判外の行為に及ぶ包括的なものになりますが、会社と取締役との間の訴えにおいては、株主総会で定めた者（監査役設置会社の場合は、監査役（会社法第386条））が、会社を代表します（会社法第353条）。このような訴えにおいて、代表取締役が当然に会社を代表することとした場合、当該代表取締役が当事者になる場合はもちろん、他の取締役が当事者となる場合においても同僚意識から、当該（代表）取締役に有利に、会社に不利に訴訟活動が行われるおそれがあるためです。

3　必要な取締役会決議を欠く代表行為

例えば、多額の借財は、業務執行の決定を取締役に委任することができず、取締役会決議が必要となります（会社法第362条第４項第２

号)。そこで、このような必要とされる取締役会決議を欠いた場合における代表取締役の代表行為の効果が問題となります。

判例(注1)は、必要な取締役会決議を欠いた重要財産の処分行為の効力が問題となった事案において、「内部的意思決定を欠くに止まるから、原則として有効」としつつ、「相手方が右決議を経ていないことを知りまたは知り得べかりしとき」(悪意または有過失のとき)に限って、無効になるとの解釈を示しました。

なお、上記の判例は、重要財産の処分行為に関するもので、新株(社債)の発行など、取引の安全が強く要請される事項については、必要な取締役会(または株主総会)決議を欠いたとしても、一般的に有効になると解されています。

また、取締役会決議を欠いたとしても、全株主の同意がある場合は、取引の効力は有効になると解されています(注2)。

4　代表権濫用

例えば、売却代金を着服する目的で、会社の資産を売却する行為のように、代表取締役が、その権限を自己または第三者の利益のために利用する行為を代表権濫用といいます。

判例上、代表権濫用の行為の効力については、原則として有効であるものの、相手方が代表取締役の真意(濫用目的であること)を知りまたは知り得べきとき(悪意または有過失のとき)は無効になると解されています(注3)。

5　表見代表取締役

会社は、代表取締役以外の取締役に社長、副社長その他株式会社を代表する権限を有するものと認められる名称を付した場合には、当該取締役がした行為について、善意の第三者に対してその責任を負うことになります（会社法第354条）。すなわち、代表権を持たない取締役の行為である以上、本来その行為の効果は会社に帰属しないはずですが、名称（肩書）に対する第三者の信頼を保護する観点から、当該行為の効果は会社に帰属することになります。

その他、株式会社を代表する権限を有するものと認められる名称としては、「取締役会長」「頭取」「CEO」などが挙げられます。なお、「専務」や「常務」に本条の適用を認めるかについては、学説の分かれているところであり、また、実際に適用されるかは個々の具体的事情にもよりますので、代表権のない取締役への肩書の付与に際しては、留意する必要があります。

表見代表取締役の規定（会社法第354条）は、会社が使用人に対して株式会社を代表する権限を有する者と認められる名称を付した場合にも類推適用されます（注4）。

また、例えば、会社が代表権を失った取締役による名称を使用した取引を黙認していたような場合にも、会社による名称の付与があったと評価され、表見代表取締役の規定が適用されると解されています。

なお、取引の相手方が悪意または重過失であるときは、会社は表見代表取締役に係る責任を免れます（注5）。

6　代表取締役の不法行為

代表取締役がその職務を行うについて第三者に不法行為により損害を与えた場合、会社はその損害を賠償する責任を負います（会社法第350条）。この場合、代表取締役個人も不法行為に基づく損害賠償責任を負います（民法第709条）。会社は、損害賠償責任を履行した場合、当該代表取締役に求償することができます。

税理士業務における**留意点**

会社がいわゆる平取締役や従業員に対して株式会社を代表する権限を有する者と認められるような名称を付す場合、名称を付された者の行為の効果は会社に帰属することになりますので、安易な名称の付与を行わないように気を付ける必要があります（例えば、名称を付された者が行った借入れについて、会社が返済しなければならなくなります）。

（注１）　最判昭和40年９月22日民集19巻６号1656頁。
（注２）　最判平成５年３月30日民集47巻４号3439頁（譲渡承認を欠く譲渡制限株式の譲渡）、最判昭和49年９月26日民集28巻６号1306頁（承認を欠く利益相反取引）。
（注３）　最判昭和38年９月５日民集17巻８号909頁。
（注４）　最判昭和35年10月14日民集14巻12号2499頁。
（注５）　最判昭和52年10月14日民集31巻６号825頁。

Q23
取締役の任期

Q　取締役の任期について教えてください。

A　取締役の任期は、原則として2年です。これを短縮することはできますが、伸長することはできません。もっとも、発行するすべての株式に譲渡制限が付されている会社では取締役の任期を10年まで伸長することができます。

取締役の任期は、その選任後２年以内に終了する事業年度のうち最終のものに関する定時株主総会の終結の時までとなります（会社法第332条第１項本文）。この任期は、定款または株主総会の決議により、短縮することはできますが（同項ただし書）、伸長することはできません。取締役の地位の重要性に鑑み、定期的に株主の信任を受けさせる趣旨です。そのため、再選（再任）することはできます。

もっとも、公開会社（**Q4**参照）でない株式会社においては、定款によって、取締役の任期をその選任後10年以内に終了する事業年度のうち最終のものに関する定時株主総会の終結の時まで伸長することができます（同条第２項）。

税理士業務における**留意点**

会社が発行するすべての株式に譲渡制限を付すか否か（公開会社であるか否か）により、取締役の任期は異なります。中堅・中小企業の場合には、公開会社ではないケースが多いと思われ、その場合、取締役の任期を定款により10年まで延長することができます。

Q24
取締役および代表取締役の選任と終任

Q　取締役および代表取締役の選任（選定）と終任（辞任、解任（解職）等）について教えてください。

A　取締役は、株主総会により選任され、死亡、辞任、株主総会による解任決議等により終任となります。代表取締役は、取締役の中から、取締役会決議により選定され、辞任、取締役会における解職決議、または取締役の地位の喪失により終任となります。

1　取締役の選任

取締役は、株主総会の決議により選任されます（会社法第329条第1項）。また、死亡等の予期しない事由により取締役に欠員が生じた場合に備え、株主総会では、補欠の取締役を選任することもできます（同条第3項）。

2　取締役の終任

任期（**Q23**参照）満了、死亡（会社法第330条、民法第653条第１号）、破産手続開始決定（同条第２号）、後見開始（同条第３号）、取締役の資格の喪失（会社法第331条第１項）[注1]、辞任、解任が取締役の終任事由となります。

⑴　辞任

取締役は、その任期中、いつでも辞任することができますが（会社法第330条、民法第651条第１項）、会社の不利な時期に辞任した場合、会社に対し、損害賠償責任を負うことになります（同条第２項）。

⑵　解任

取締役は、その任期中、いつでも、株主総会の決議によって解任することができます（会社法第339条第１項）。もっとも、解任された取締役は、その解任について正当な理由がある場合を除き、会社に対し、解任によって生じた損害の賠償を請求することができます（同条第２項）。損害賠償請求額は、原則として、残存任期中に得られるはずの報酬相当額となります[注2]。正当な理由としては、心身の故障[注3]や法令・定款違反の職務執行などが挙げられます。

⑶　解任の訴え

取締役の職務の執行に関し不正の行為または法令もしくは定款に違反する重大な事実があったにもかかわらず、当該役員を解任する旨の議案が株主総会において否決されたときは、３％以上の議決権を６か月前から引き続き有する株主は、訴えをもって当該役員の解任を請求することができます（会社法第854条）。

3　代表取締役の選任（選定）

代表取締役は、取締役の中から、取締役会決議により選定されます（会社法第362条第２項第３号、第３項）。

4　代表取締役の終任

辞任、解職、取締役の地位の喪失が代表取締役の終任事由になります。

(1)　辞任

代表取締役は、会社に対する意思表示により、取締役を辞任することができますが（上記２(1)を参照）、取締役の地位を維持しつつ、代表取締役の地位を辞することもできます。

(2)　解職

代表取締役は、取締役会決議により解職することができます（会社法第362条第２項第３号）。代表取締役の解職に理由は必要ありません。

(3)　取締役の地位の喪失

代表取締役の地位は、取締役の地位を前提としているため、取締役の地位を失えば（上記２参照）、当然に代表取締役の地位も失います。

税理士業務における**留意点**

取締役の選任または解任を行う機関と代表取締役の選定または解職を行う機関は異なります。

(注1) 例えば、会社法その他の一定の法律の規定に違反して刑に処せられ、その執行を終わりまたは執行を受けることがなくなった日から２年を経過していない者に該当した場合。

(注2) 大阪高判昭和56年１月30日判時1013号121頁。

(注3) 最判昭和57年１月21日判時1037号129頁。

Q25
取締役の報酬

Q　取締役の報酬を決定するための手続きについて教えてください。

A　取締役の報酬、賞与その他の職務執行の対価として会社から受ける財産上の利益については、定款または株主総会の決議で定める必要があります。もっとも、個々の取締役の報酬額まで定める必要はなく、取締役全員の報酬総額の上限を定め、個々の取締役への具体的な配分は取締役会の決定に一任することができ、取締役会は、さらに代表取締役などの特定の取締役に再一任することができます。

1　取締役の報酬

取締役の報酬、賞与その他の職務執行の対価として会社から受ける財産上の利益（以下「報酬等」といいます）について、その決定を取締役会に委ねることにはお手盛りの弊害があるため、定款または株主総会の決議によって定めることが要求されます（会社法第361条第１項）。

報酬等について、定款または株主総会の決議で定める事項は、報酬等の種類に応じて以下のとおりになります。

なお、このQ25では、取締役の報酬規制について令和元年会社法改正前からのルールの概要を説明しています。令和元年会社法改正によるいわばプラスアルファの規制については、Q29を参照してください。

(1) 確定報酬

報酬等のうち金額の確定しているものについては、その額を定めます（会社法第361条第1項第1号）。もっとも、定款または株主総会決議により個々の取締役の報酬額まで定める必要はなく、取締役全員の報酬総額の最高限度額のみを定め、個々の取締役への具体的な配分は取締役会の決定（取締役会が設置されていない株式会社の場合は、取締役の過半数による決定）に一任することもできます(注1)。個々の取締役の報酬額の決定を一任された取締役会は、その決定をさらに代表取締役などの特定の取締役に再一任することもできます(注2)。

また、一度株主総会で取締役全員の報酬総額の最高限度額を定めれば、その限度額を変更しない限り、改めて株主総会決議を行う必要はないと解されています。

(2) 不確定報酬

報酬等のうち額が確定していないものについては、その具体的な算定方法を定めます（会社法第361条第1項第2号）。例えば、会社の営業利益の8％を取締役全員の報酬総額の最高限度額とする場合のような業績連動報酬などが不確定報酬に該当します。

前記(1)の確定報酬と比較すると、株主がその必要性や合理性を判断することが相対的に難しいことから、取締役は、不確定報酬に係る議案を株主総会に提出した場合、それを相当とする理由を株主総会で説明しなければなりません（同条第4項）。

(3) 非金銭報酬

報酬等のうち金銭でないものについては、その具体的な内容を定めます。例えば、社宅を供与する場合やストックオプションを付与する場合（**Q47**参照）などがこれに該当します。非金銭報酬の場合も、前記(2)の不確定報酬と同様に、取締役はそれを相当とする理由を株主総会で説明しなければなりません（会社法第361条第４項）。

2 退職慰労金

退職慰労金も、取締役の在職中の職務執行の対価となりますので、報酬等として、定款または株主総会の決議で定める必要があります(注3)。もっとも、ある事業年度に退職する取締役の数は限定されるため、株主総会で、退職慰労金の額(またはその上限)を定めることとした場合、特定の取締役の退職慰労金の額が明らかになってしまうケースが生じます。そのため、実務上、株主総会において、一定の支給基準に従って退職慰労金を支給するものとし、具体的な金額、支給日および支給方法は、取締役会の決定（取締役会が設置されていない株式会社では、取締役の過半数の決定）に一任する旨の決議がなされています。このような実務慣行に対し、判例(注4)は、株主総会決議によりその金額などの決定をすべて無条件に取締役に一任することは許されないが、株主総会決議において、明示的または黙示的にその支給基準を示し、具体的な金額、支払期日、支払方法などは当該基準によって定めるべきものとして、その決定を取締役会に一任することは許容されるとしています。

3　使用人兼務取締役の使用人給与部分

会社の使用人を兼務する取締役を一般に使用人兼務取締役といいます。取締役の報酬規制は、「取締役の…職務執行の対価」を対象としていることから、使用人兼務取締役に対する職務執行の対価について、使用人給与部分を多くし、取締役報酬部分を少なくすることで、お手盛りが可能になるとも思われます。この点に関し、判例(注5)は、使用人として受ける給与体系が明確に確立されている場合、別に使用人として給与を受けることを予定しつつ、取締役として受ける報酬額のみを株主総会で決議することも許容されるとしています。

4　定款または株主総会で定めなかった場合

報酬等について定款または株主総会決議で定めなかった場合、取締役は、報酬等を受ける権利を有さず(注6)、受け取った報酬等については返還しなければなりません。もっとも、報酬等の支給について、株主全員が同意している場合(注7)や事後的に株主総会決議により追認された場合(注8)は、適法・有効になります。

5　報酬等の事後的変更

取締役の報酬が、定款または株主総会決議により具体的に定められた場合、その報酬額は、会社と取締役間の契約内容となり契約当事者を拘束します。そのため、その後、株主総会が当該取締役の報酬を無報酬（または減額）とする旨の決議を行ったとしても、当該取締役が同意しない限り、当該取締役の報酬請求権は失われません（または減額されません）(注9)。

6　報酬等の開示

公開会社では、取締役の報酬等は、事業報告において開示対象となります（会社法第435条第２項、会社法施行規則第119条第２号、同規則第121条第４号～６号）。もっとも、取締役全員の報酬総額を員数とともに開示すれば足り（同規則同条第４号イ）、個人別の報酬額までは開示する義務はありません。

公開会社ではない会社の場合、報酬等の開示についての明文規定はありません。

税理士業務における**留意点**

一度株主総会で取締役全員の報酬総額の最高限度額を定めれば、その限度額を変更しない限り、改めて株主総会決議を行う必要はありませんが、例えば、好業績などを背景に報酬を増額する場合、過去に株主総会において承認された報酬総額の最高限度額を上回ってしまわないか、留意する必要があります。また、中堅・中小企業の内紛などで、取締役の報酬を事後的に減額しようと画策されることがありますが、当該取締役が同意しない限り、そのようなことはできないという点に留意が必要です。

（注１）　最判昭和60年３月26日判時1159号150頁。
（注２）　最判昭和31年10月５日集民23号409頁、最判昭和58年２月22日判時1076号140頁。
（注３）　最判昭和39年12月11日民集18巻10号2143頁。

（注４） 最判昭和39年12月11日民集18巻10号2143頁、最判昭和48年11月26日判時722号94頁。
（注５） 最判昭和60年３月26日判時1159号150頁。
（注６） 最判昭和56年５月11日判時1009号124頁。
（注７） 最判平成15年２月21日金法1681号31頁。
（注８） 最判平成17年２月15日判時1890号143頁。
（注９） 最判平成４年12月18日民集46巻９号3006頁。

Q26
取締役の義務

Q 取締役にはどのような義務があるのか教えてください。

A 取締役は、会社に対し、一般的な義務として、善管注意義務・忠実義務・法令等遵守義務・監視義務を負います。一定規模以上の会社においては、内部統制システムの構築義務を負います。また、特に取締役と会社の利害が対立し得る競業取引および利益相反取引の場面においては、会社の利益を保護する観点から、取締役に対し、特別の義務が課されます。

1 善管注意義務と忠実義務

取締役は、会社との間において委任関係に立つため（会社法第330条）、会社に対し、善良な管理者の注意をもって、委任事務を処理する義務を負います（善管注意義務、民法第644条）。また、取締役は、法令および定款ならびに株主総会の決議を遵守し、会社のため忠実にその職務を行わなければなりません（忠実義務、会社法第355条）。忠実義務は、会社の利益を犠牲にして自己または第三者の利益を図ってはならないとする義務をいいますが、善管注意義務を敷衍し、一層明確化したもので、基本的に善管注意義務と同じ内容の義務と解されています(注1)。

取締役は、会社に対して善管注意義務を負うため、これに違反する業務執行行為を行った結果、会社に損害を生じさせた場合、その賠償責任を負います。もっとも、取締役は、不確実な状況で迅速な決断を迫られることもあり、その判断を事後的・結果的に評価して善管注意義務違反の責任を問うということになると取締役の業務執行を委縮させることになります。そこで、善管注意義務が尽くされたか否かの判断は、①行為当時の状況に照らし、②合理的な情報収集・調査・検討等が行われたか(判断の過程に不合理な点がなかったか)、および③その状況と取締役に要求される能力水準に照らし不合理な判断がなされなかったか(判断の内容に不合理な点がなかったか)という観点から行われます(このような考え方を、取締役の経営判断を原則として尊重するという意味で、「経営判断の原則」と呼びます)。

なお、善管注意義務および忠実義務は、取締役が会社に対して負う一般的な義務となりますが、会社法は、特に取締役と会社の利害が対立し得る一定の場合について、会社の利益を保護する観点から、特別の規制(競業取引規制・利益相反取引規制)を置いています(後記5および6を参照)。

2　法令等遵守義務

取締役は、法令および定款ならびに株主総会の決議を遵守する義務を負います(会社法第355条)。取締役は、たとえ会社の利益に合致するとしても、法令に違反する行為を行うことはできません。

ここでいう法令は、取締役を名宛人として義務を定めるものに限らず、会社を名宛人とし、会社がその業務を行う上で遵守すべきすべての法令を含み(注2)、また、会社・株主の利益保護を目的とするもののみならず、刑法や私的独占の禁止及び公正取引の確保に関する法律(独占禁止法)といった公益の保護を目的とする法令も含むと解されます。

もっとも、法令違反について、取締役に故意または過失がないときは、任務懈怠責任(損害賠償責任)(会社法第423条第1項)は生じません(任務懈怠責任については、**Q27**を参照)。

また、違法な業務執行またはその決定に関与していない取締役は、法令等遵守義務違反とはなりませんが、後記3の監視義務違反として責任を負うことはあり得ます。

3　監視義務

(代表)取締役は、他の(代表)取締役の行為が法令(善管注意義務や忠実義務を含みます)や定款を遵守し、適法かつ適正になされていることを監視する義務を負います。この点を少し敷衍すると、取締役会設置会社においては、取締役会が取締役の職務の執行を監督する義務を負っていますが(会社法第362条第2項2号)、その構成員である個々の取締役も監視義務を負うと解されています。そして、取締役は、取締役会に上程された事項にとどまらず、業務執行一般についてこれを監視し、必要があれば、取締役会を自ら招集し、あるいは招集することを求め、取締役会を通じて業務執行が適正に行われるようにしなければならないとされます(注3)。また、取締役会が設置されていない株式会社の取締役も、善管注意義務・忠実義務の一内容として、業務執行の監視義務を負うと解されています。

もっとも、各取締役は、会社の業務のすべてを逐一監視することまで求められているわけではありません。会社の業務は、他の取締役や使用人との間で分担されているため、他の取締役や使用人が担当している業務については、その内容について疑念を差し挟むべき特段の事情がない限り、適正に行われていると信頼することが許され、他の取締役や使用人に任務懈怠行為があったとしても、監視義務違反とはなりません（信頼の原則）。

4　内部統制システムの構築義務

一定以上の規模の会社においては、取締役の職務の執行が法令および定款に適合することを確保するための体制その他株式会社の業務ならびに当該株式会社およびその子会社からなる企業集団の業務の適正を確保するために必要な体制（いわゆる内部統制システム）を整備する必要があります。

内部統制システムの整備は、取締役会で決定する事項ですが、業務執行取締役（**Q19**参照）は、その決定に基づいて、内部統制システムを構築して運用する義務を負い、他の取締役はその構築・運用義務の履行を監視する義務を負います。もっとも、内部統制システムの整備には費用がかかることから、その整備は費用対効果を考慮する必要があり、また、高度な経営上の知見および経験を必要とすることから、取締役に対し、広い裁量が認められると考えられています。ただし、会社が過去に経験した不正行為に対し、何ら再発防止体制を講じていなかったような場合は、取締役の義務違反が認められると考えられます。

5　競業取引規制

取締役は、自己または第三者のために株式会社の事業の部類に属する取引（以下「競業取引」といいます）、すなわち、会社の事業と市場において競合する取引をしようとするときは、取締役会設置会社では取締役会において、取締役会が設置されていない株式会社では株主総会において、当該取引につき重要な事実を開示し、その承認を受けなければなりません（会社法第356条第１項第１号、第365条第１項）。取締役が自由に競業取引を行うことができるとすると、会社の取引先を奪うなど会社の利益を害するおそれが大きいため、競業取引規制が設けられています。

競業取引の承認は、取引１回ごとではなく、包括的に行ってもよいと解されています。例えば、取締役が同業他社の代表者に就任する場合など、包括的な承認を受けることで、就任後に当該他社が行う個々の取引については逐一承認を受ける必要はないと考えられています。

なお、競業取引を行おうとする取締役は、取締役会または株主総会の承認決議において、決議に特別の利害関係を有する者に該当します（会社法第369条第２項、第831条第１項第３号）（詳細は**Q20**を参照）。

取締役がこの義務に違反した場合、当該取締役は、会社に対して損害賠償責任を負い（会社法第423条第１項、第２項）（詳細は**Q27**を参照）、また、取締役解任の正当な理由になります（会社法第339条第２項）（詳細は**Q24**を参照）。

また、取締役会設置会社では、取締役会が適切な措置をとることができるように、上記の事前承認の有無にかかわらず、競業取引を行った取締役は、遅滞なくその取引について重要な事実を取締役会に報告しなければなりません（会社法第365条第２項）。

6　利益相反取引規制

⑴　直接取引

取締役は、自己または第三者のために会社と取引（直接取引）をしようとするとき、取締役会設置会社では取締役会において、取締役会が設置されていない株式会社では株主総会において、当該取引につき重要な事実を開示し、その承認を受けなければなりません（会社法第356条第１項第２号、第365条第１項）。取締役が、例えば、自己または第三者のために、会社から財産を譲り受けたり、会社に財産を譲渡したり、会社から金銭の貸付を受けたりというように会社と取引する場合、会社の利益を害するおそれがあることから、規制が設けられています。

⑵　間接取引

取締役は、会社が取締役の債務を保証することその他取締役以外の者との間において会社と当該取締役との利益が相反する取引（間接取引）をしようとするときも、前記⑴の直接取引の場合と同様、取締役会設置会社では取締役会において、取締役会が設置されていない株式会社では株主総会において、当該取引につき重要な事実を開示し、その承認を受けなければなりません（会社法第356条第１項第３号、第365条第１項）。取締役自身が取引を行っていなくとも、取締役としての影響力を利用して、自己の利益のため会社に不利な取引をするよう仕向けるおそれがあることから、直接取引と同様に規制の対象とされています。

⑶　報告

取締役会設置会社では、競業取引と同様、上記の事前承認の有無にかかわらず、利益相反取引（直接取引・間接取引）を行った取締役は、遅滞なくその取引について重要な事実を取締役会に報告しなければなりません（会社法第365条第２項）。

⑷ 規制違反の効果

事前承認を得ないで行われた利益相反取引の効力は、無効になります。ただし、会社の利益を保護する趣旨であるから、取締役側から無効を主張することはできないと解されています（注４）。また、会社が第三者に対して無効を主張する場合、当該第三者の悪意を立証しなければならないと解されています（相対的無効説）（注５）。

⑸ 取締役の責任

直接取引を行った取締役および間接取引において会社と利益の相反する取締役は、利益相反取引により会社に損害が生じた場合、任務懈怠がなかったことを証明しない限り、会社に対して損害賠償責任を負います（会社法第423条第１項、第３項）。また、自己のために直接取引を行った取締役は、当該直接取引により会社に損害が生じた場合、会社に対して損害賠償責任を負います（無過失責任）（会社法第428条）。なお、取締役の責任の詳細については**Q27**を参照ください。

⑹ 規制の例外

① 定型的に会社を害するおそれのない取引

取締役が、会社に対し、財産を贈与する場合、もしくは無利息・無担保で金銭を貸し付ける場合、または会社と普通約款取引（運送契約・預金契約等）により一般顧客と同一条件で取引をする場合などは、定型的に会社を害するおそれのない取引として、利益相反取引に含まれないと解されています（上記の事前承認および事後報告は不要となります）。

② 株主全員の同意のある取引

利益相反取引規制の趣旨は、取締役が自己または第三者の利益のために会社に損害を与えることを未然に防止する点にあることから、会社の利益の帰属者である株主全員の同意がある場合は、取締役会または株主総会の承認を得ていなくても、利益相反取引は有効になります。

ただし、例えば、不公正な条件で行われた利益相反取引により会社債権者が害された場合（会社が債務超過の場合など）などにおいては、株主全員の同意があったとしても、当該会社債権者との関係においては、損害賠償責任（会社法第429条）を負うことはあり得ます（会社法第429条の第三者に対する責任の詳細については**Q27**を参照）。

⑺ その他

取締役会または株主総会の承認決議において、利益の相反する取締役は、決議に特別の利害関係を有する者に該当します（会社法第369条第２項、第831条第１項第３号）（詳細は**Q20**を参照）。

取締役が利益相反取引規制に違反した場合、取締役解任の正当な理由になります（会社法第339条第２項）（詳細は**Q24**を参照）。

税理士業務における**留意点**

取締役の行った投資の意思決定が失敗した場合などにおいて、取締役の判断が善管注意義務に違反したのか否かが問われるとき、上記のとおり、①行為当時の状況に照らし、②合理的な情報収集・調査・検討等が行われたか（判断の過程に不合理な点がなかったか）、および、③その状況と取締役に要求される能力水準に照らし不合理な判断がなされなかったか（判断の内容に不合理な点がなかったか）が問題となります。これらの中でも、とりわけ②については、③と比べて不合理ではなかったかどうかの判断を行いやすいため（例えば、情報取集等が行われていなかった場合、裁判においても、容易に判断過程の不合理が認定されることになります）、会社にとって重大な意思決定がなされる場合には、②の点に特に留意する必要があります（通常、②が合理的に行われている場合、③も合理的な判断がなされていることが多いと思われます）。

（注１） 最判昭和45年６月24日民集24巻６号625頁。
（注２） 最判平成12年７月７日民集54巻６号1767頁。
（注３） 最判昭和48年５月22日民集27巻５号655頁。
（注４） 最判昭和48年12月11日民集27巻11号1529頁。
（注５） 最判昭和43年12月25日民集22巻13号3511頁。

Q27
取締役の責任

Q　取締役が取締役の義務に違反した場合、どのような責任を負うのか教えてください。

A　取締役は、その任務を怠ったとき、すなわち、善管注意義務や法令等遵守義務などの義務に違反した場合、会社に対し、これによって生じた損害を賠償する責任を負います。ただし、任務を怠ったことについて故意または過失のないことを証明できれば、その責任を免れることができます。また、取締役は、悪意または重大な過失により任務を怠ったとき、第三者に対し、これによって生じた損害を賠償する責任を負います。

1　取締役の会社に対する責任

取締役は、その任務を怠ったとき（任務懈怠）、会社に対し、これによって生じた損害を賠償する責任を負います（会社法第423条第１項）。もっとも、取締役は、任務懈怠について帰責事由のない（故意または過失によるものではない）ことを証明できれば、この責任を免れることができます（注１）。

⑴　任務懈怠

任務懈怠は、取締役が善管注意義務や法令等遵守義務などの義務に違反した場合に認められます（取締役の義務については、**Q26**を参照）。

なお、取締役の責任を問う場合、その責任を問う者が、取締役の任務懈怠を証明しなければなりません。ただし、取締役会（取締役会が設置されていない株式会社の場合は株主総会）の承認なく利益相反取引が行われた場合（利益相反取引規制については、**Q26**を参照）、以下の取締役については任務懈怠が推定されるため（会社法第423条第３項）、当該取締役において、責任を免れるためには、任務懈怠のなかったことを証明しなければなりません（立証責任の転換）。

①　直接取引を行った取締役および間接取引において会社と利益の相反する取締役

②　会社のために利益相反取引を行うことを決定した取締役

③　利益相反取引に関する取締役会の承認決議において賛成した取締役

⑵　損害

取締役の責任を問う場合、その責任を問う者が、損害額を証明しなければなりません。もっとも、任務懈怠が競業取引規制違反（会社法第356条第１項第１号、第365条第１項、**Q26**を参照）による場合については、特則規定があります。すなわち、取締役が、取締役会（取締役会が設置されていない株式会社の場合は、株主総会）の承認を受けることなく、自己または第三者のために競業取引を行った場合、当該取引によって取締役または第三者が得た利益の額は、損害の額と推定されます（立証責任の転換）（会社法第423条第２項）。

(3) 帰責事由（故意・過失）

取締役が善管注意義務に違反する場合、通常、過失も認められることになるため、過失を独自の要件とする意味は乏しいといえます。もっとも、例えば、任務懈怠が、法令等遵守義務違反による場合は、法令違反についての過失の有無を論じる実益が生じます。

なお、自己のため利益相反取引の直接取引をした取締役の責任は、任務懈怠について無過失であったとしても免れることができません（会社法第428条）。すなわち、この場合、無過失責任になります。

(4) 責任の免除等

会社は、総株主の同意がある場合、取締役の責任を免除することができます（会社法第424条）。

また、会社は、取締役が職務を行うにつき善意であり、かつ重過失がない場合、一定の要件(注2)の下、取締役の責任の一部を免除することもできます（会社法第425条、第426条）。

さらに、業務執行取締役以外の取締役については、一定の要件(注3)の下、会社と責任額を限定する契約を締結することができます（会社法第427条）。

2　取締役の第三者に対する責任

取締役がその職務を行うについて悪意または重大な過失があったときは、当該取締役は、これによって第三者に生じた損害を賠償する責任を負います（会社法第429条第１項）。

この規定の趣旨や適用範囲については、さまざまな考え方があります。判例(注4)は、この規定の趣旨を、株式会社が経済社会において占める地位および取締役の職務執行の重要性を考慮して、第三者の保護を図ったものと解しています。そして、この規定の適用範囲について、取締役において悪意または重大な過失により任務懈怠行為を行い、これによって第三者に損害を被らせたときは、第三者に対する加害行為について悪意または重大な過失がなくとも、この規定の適用があり、取締役の任務懈怠行為と第三者の損害との間に相当の因果関係がある限り、会社がこれによって損害を被った結果、第三者に損害を与えた場合（間接損害）であるか、直接第三者が損害を被った場合（直接損害）であるかを問うことなく、取締役は第三者に対し損害賠償の責任を負うとしています。

以上の判例の理解に従った場合、この規定の要件は、①取締役が会社に対して任務を懈怠したこと、②当該任務懈怠について取締役に悪意または重大な過失があること、③第三者に損害（間接損害または直接損害）が生じたこと、④任務懈怠行為と損害との間に相当因果関係があること、になります。

なお、上記①～④の要件は、責任を追及する者が証明責任を負うのが原則ですが、取締役が計算書類、事業報告等への虚偽記載・記録、虚偽の登記、虚偽公告などのように一定の書類に虚偽記載・記録を行った場合は、取締役は、その無過失を証明しない限り、責任を負うことになります（上記②についての立証責任の転換）（会社法第429条第２項）。

3　会社業務の適正確保のための株主の権利

(1)　株主代表訴訟

取締役等（取締役、監査役等）が会社に対し、責任を負う場合（会社法第423条第１項等)、その責任は会社自身が追及するのが原則であるが、取締役等の間の同僚意識などから、本来なされるべき責任追及がなされない可能性があります。そのため、会社法は、個々の株主に、会社のために取締役等の責任を追及する訴えを提起することを認めています。このような訴訟を株主代表訴訟といいます。

株主代表訴訟の提訴権者は、６か月前（定款に定めることにより短縮できます）から引き続き株式を有する株主です（会社法第847条第１項本文)。なお、公開会社ではない会社の場合、６か月の継続保有要件は不要になります（同条第２項)。

手続きについて、①まず、株主は、会社に対し、会社が取締役等に責任を追及する訴えを提起するように請求します（会社法第847条第１項本文)。②そして、会社が請求後60日以内に責任を追及する訴えを提起しない場合、株主自らが、会社のために、取締役等に対し、会社に対する債務を履行するよう、訴えを提起することができます（同条第３項)。なお、会社に回復することができない損害が生ずるおそれがある場合には、株主は、会社のために、直ちに訴えを提起することができます（同条第５項)。

⑵　株主の差止請求権

６か月（定款に定めることにより短縮できます）前から引き続き株式を有する株主は、取締役が会社の目的の範囲外の行為その他法令もしくは定款に違反する行為をし、またはこれらの行為をするおそれがある場合において、当該行為によって会社に著しい損害が生ずるおそれがあるときは、当該取締役に対し、当該行為をやめることを請求することができます（会社法第360条第１項)。

株主代表訴訟が事後の救済手段であるのに対し、株主の差止請求権は事前の救済手段になります。

なお、公開会社ではない会社の場合、6か月の継続保有要件は不要になります（同条第2項）。また、監査役設置会社の場合、「会社に著しい損害が生じるおそれがあるとき」は、監査役に差止請求権が認められるため（会社法第385条第1項）、株主の差止請求権は、「著しい損害」ではなく、「回復することができない損害」が生じるおそれがある場合に限定されます（会社法第360条第3項）。

⑶ 検査役による調査

会社の業務の執行に関し、不正の行為または法令もしくは定款に違反する重大な事実があることを疑うに足りる事由があるときは、議決権または発行済株式の3％（定款で軽減できます）以上を保有する株主は、当該会社の業務および財産の状況を調査させるため、裁判所に対し、検査役の選任の申立てをすることができます（会社法第358条第1項）。

税理士業務における**留意点**

取締役の会社や第三者に対する責任は、会社の行為の結果として生じる損害になりますので、その金額は大きくなりがちです。そのため、取締役の業務執行（の決定）は、任務懈怠（善管注意義務や法令等遵守義務などの義務に対する違反）とならないよう緊張感を持って行われる必要があります。

（注１） 最判平成12年7月7日民集54巻6号1767頁。

（注２） ①株主総会の特別決議による場合（会社法第425条）や、②監査役設置会社において定款に定める責任軽減規定に基づく取締役会決議（取締役会が設置されていない株式会社の場合は、取締役の過半数の同意）による場合（ただし、事実関係に照らし、特に必要性が認められる場合に限られる）（会社法第426条）があります。

（注３） 任務懈怠責任について、①職務執行について善意であり、かつ重過失がないこと、および、②定款で定めた額の範囲内であらかじめ会社が定めた額と最低責任限度額（報酬の２年分）とのいずれか高い額を限度とする旨の契約（責任限定契約）を締結する旨を定款で定めることができます（会社法第427条第１項）。

（注４） 最判昭和44年11月26日民集23巻11号2150頁。

Q28
社外取締役

Q　社外取締役の制度について、令和元年会社法改正による改正点を含めて、概要を教えてください。

A　社外取締役とは、会社の業務を執行せず、会社ならびにその親会社、子会社および経営陣などとの間に一定の利害関係を持たない取締役をいいます。令和元年会社法改正により、①上場会社等において社外取締役の設置が義務付けられ、また、②一定の場合、取締役の決定（取締役会設置会社においては取締役会の決議）により、社外取締役に業務の執行を委託することができることとなりました。

1　社外取締役制度の概要

社外取締役は、会社の業務を執行せず、会社ならびにその親会社、子会社および経営陣などとの間に一定の利害関係を持たない取締役をいいます。

具体的には、株式会社の取締役であって以下の要件のすべてを充足するものをいいます（会社法第２条第15号）。

①　当該株式会社またはその子会社の業務執行取締役（代表取締役、

取締役会決議により業務を執行する取締役として選定された者および当該株式会社の業務を執行したその他の取締役をいう。以下同じ）もしくは執行役または支配人その他の使用人（以下「業務執行取締役等」といいます）でなく、かつ、その就任の前10年間当該株式会社またはその子会社の業務執行取締役等であったことがないこと。

② その就任の前10年内のいずれかの時において当該株式会社またはその子会社の取締役、会計参与（会計参与が法人であるときは、その職務を行うべき社員）または監査役であったことがある者（業務執行取締役等であったことがあるものを除く）にあっては、当該取締役、会計参与または監査役への就任の前10年間当該株式会社またはその子会社の業務執行取締役等であったことがないこと。

③ 当該株式会社の親会社等（自然人であるものに限る）または親会社等の取締役もしくは執行役もしくは支配人その他の使用人でないこと。

④ 当該株式会社の親会社等の子会社等（当該株式会社およびその子会社を除く）の業務執行取締役等でないこと。

⑤ 当該株式会社の取締役もしくは執行役もしくは支配人その他の重要な使用人または親会社等（自然人であるものに限る）の配偶者または２親等内の親族でないこと。

社外取締役には、会社の経営陣から独立した立場で、経営陣を監督することが期待されます。

令和元年会社法改正までは、委員会型の株式会社（監査等委員会設置会社（会社法第331条第６項）および指名委員会等設置会社（会社法第400条第３項））でその設置が義務付けられていました。また、有価証券報告書の提出義務のある、公開会社かつ大会社である監査役会設置会社（以下「上場会社等」といいます）において、社外取締役を置いていない場合は、定時株主総会において、社外取締役を置くことが相当でない理由を説明しなければなりませんでした（令和元年改正前会社法第327条の２）。

2　社外取締役制度についての改正の概要

⑴　上場会社等における社外取締役設置の義務付け（会社法第327条の2）

上述のとおり、これまで、上場会社等において、社外取締役を置いていない場合は、定時株主総会において、社外取締役を置くことが相当でない理由を説明しなければならないこととされていました（令和元年改正前会社法第327条の２）。これに対し、今回の改正では、当該説明義務の制度は廃止されるとともに、上場会社等において、社外取締役の設置が義務付けられることとなりました（会社法第327条の２）。

会社法第327条の２の規定に違反して、遅滞なく、社外取締役を選任しなかったときは、取締役等は、100万円以下の過料に処せられることとなります（注１）（会社法第976条第19号の２）。

⑵　業務執行の社外取締役への委託

改正により、会社と取締役等との利益が相反する状況にあるとき、その他取締役等が会社の業務を執行することにより株主の利益を損なうおそれがあるときは、会社が、その都度、取締役の決定（取締役会設置会社にあっては、取締役会の決議）によって、会社の業務を執行することを社外取締役に委託することができることとなりました（会社法第348条の２第１項、第２項）。

上記１①のとおり、業務を執行する取締役は社外取締役の要件を満たさないこととなります。ところで、マネジメント・バイアウトなど会社と取締役等との利益が相反する状況にあるときや、親子会社間取引など支配株主と少数株主との利益が相反する状況にあるときのように、会社と取締役等との利益が相反する状況にあるとき、その他取締役等が会社の業務を執行することにより株主の利益を損なうおそれがあるときにおいて、実務上、取引の公正さを担保する措置として、社外取締役が経営陣から独立した立場で当該取引の交渉等の対外的な行為を伴う活動をすることなどがあります。一般に、会社と業務執行者その他の利害関係人との利益相反の問題を回避する観点から、社外取締役がこのような行為をすることは、会社法の趣旨にかなうと考えられています(注2)。そこで、社外取締役のこのような行為が「業務を執行した」に該当すると解釈されることのないよう、今回の改正により、上記のとおり、一定の場合、社外取締役への業務執行の委託が可能である旨が定められ、また、その場合、社外取締役が委託された業務を執行したときであっても、社外取締役の要件を満たさないこととはならないことが明記されました（会社法第348条の２第３項）。ただし、社外取締役が業務執行取締役の指揮命令により委託された業務を執行したときは、社外取締役の要件を充足しなくなるため（同項ただし書）、留意が必要です。

税理士業務における**留意点**

社外取締役に就任する場合、自身が社外取締役の要件を充足しているか否かを確認する必要があり、また、就任後も社外取締役の要件を満たさなくなることがないよう留意する必要があります。

（注１）竹林俊憲他「令和元年改正会社法の解説［V］」旬刊商事法務2226号、2020年、８頁。
（注２）竹林俊憲他、前掲（注１）、４頁。

Q29 取締役の報酬等に関する規律の見直し

Q 令和元年会社法改正により、取締役の報酬等に関する規律は、どのように見直されたのでしょうか。

A 取締役の報酬等は、取締役に対して適切な職務執行へのインセンティブを付与する重要な機能を有することから、これを適切に機能させ、その手続きを透明化するために、改正法は、①取締役の報酬等の決定方針、②取締役の報酬等である株式および新株予約権に関する定め、③非金銭報酬に係る株主総会決議による定め、および④事業報告による情報開示に関して見直しを行っています。

1　取締役の報酬等の決定方針

令和元年会社法改正によって、取締役の報酬等の内容に関する決定手続の透明性を向上させるため、以下に定める株式会社については、定款または株主総会の決議により取締役の個人別の報酬等の内容が定められていない限り、取締役の個人別の報酬等の内容についての決定方針を定めなければならないものとされました（会社法第361条第７項、会社法施行規則第98条の５）。

- 監査役会設置会社（公開会社かつ大会社に限る）であって、金融商品取引法第24条第１項に基づき有価証券報告書の提出義務を負う会社
- 監査等委員会設置会社（監査等委員である取締役の報酬は対象外）

2　取締役の報酬等である株式および新株予約権に関する特則

会社法は、取締役の報酬等として株式を発行する場合であっても無償とすることを許容していませんが（会社法第199条第１項第２号）、今回の改正では、株式会社が業績等に連動した報酬等を適切かつ円滑に取締役に付与することができるようにするため、上場会社が取締役の報酬等として株式を発行する場合、当該株式と引換えに金銭の払込みを要しないこととされました（会社法第202条の２第１項第１号）。

また、会社法は、新株予約権を行使する場合には行使価格の払込みをしなければならないとされていますが（会社法第236条第１項第２号）、上場会社では、取締役の報酬等として発行する新株予約権の行使に際して払込みを要しないこととされました（会社法第236条第３項柱書）。ただし、この場合には、取締役または取締役であった者以外の者は当該新株予約権を行使することはできません。

3　非金銭報酬に係る株主総会決議による定め

令和元年改正前会社法では、取締役の報酬等として株式を発行する

際にいかなる事項を株主総会の決議で定めるべきか必ずしも明らかではなかったことから、令和元年改正会社法は、これを明確にするために、取締役の報酬等として株式または新株予約権を発行する場合には、当該株式の数（種類株式発行会社は株式の種類および種類ごとの数）または当該新株予約権の数の上限等を株主総会の決議で定めるべき事項としました（会社法第361条第１項第３号・第４号）。

4　情報開示の充実

従前、取締役の報酬等に関する事業報告の開示内容が不十分であるとの指摘がなされていたことから、令和元年改正会社法では、公開会社における事業報告による情報開示の充実を図るため、以下の事項について開示が求められることになりました。

⑴　報酬等の種類ごとの総額および個別役員ごとの金額（会社法施行規則第121条第４号イ・ロ）
⑵　業績連動報酬等に関する事項（会社法施行規則第121条第５号の２）
⑶　非金銭報酬等に関する事項（会社法施行規則第121条第５号の３）
⑷　報酬等についての株主総会の決議に関する事項（会社法施行規則第121条第５号の４）
⑸　報酬等の決定方針に関する事項（会社法施行規則第121条第６号、第６号の２）
⑹　取締役会の決議による報酬等の決定の委任に関する事項（会社法施行規則第121条第６号の３）
⑺　職務執行の対価として株式会社が交付した株式または新株予約権等に関する事項（会社法施行規則第122条第１項第２号、第123条第１号）

税理士業務における**留意点**

株式の無償による発行や行使価格をゼロ円とする新株予約権の発行に関する定めは上場会社に適用が限定されるなど、非上場かつ非公開会社であることが大半である中堅・中小企業に対する会社法改正の影響は大きくないと思われます。もっとも、近時、頻繁に見直しがなされている法人税法・所得税法の役員給与の取扱いをより正確に理解するためには、取締役の報酬等に関する会社法改正の内容を理解することが有用であると思われます。

Q30
会社補償とはどのような制度か

Q 令和元年会社法改正によって導入された、会社補償の制度について教えてください。

A 会社補償とは、改正によって新設された、役員等の職務の執行に関して発生した費用や損失を会社が補償する制度です。会社補償の契約（補償契約）は、役員等にインセンティブを付与するものであり、役員等の人材を確保するため、D&O保険（Q31参照）と併せて積極的な活用が想定されます。

1　概要

会社補償に関して、これまで会社法に規定はなく、委任に関する事務処理費用として、会社法第330条や民法第650条等に基づき補償が認められるという解釈がなされていました。

もっとも、会社が補償できる費用や損失の範囲、要件や手続等が必ずしも明らかでなかったことから、改正により、明文の規定が置かれることとなりました。

2　補償の範囲

改正により、以下のとおり、契約によって補償できる範囲が明文で規定され、そのルールの範囲内で、会社と役員等は補償契約を締結することができます。なお、ここでいう「役員等」とは、取締役、会計参与、監査役、執行役または会計監査人のことです（会社法第423条第１項）。

(1)　費用の補償

補償の対象となる費用は、役員等が、その職務の執行に関し、法令の規定に違反したことが疑われ、または責任の追及に係る請求を受けたことに対処するために支出する費用（会社法第430条の２第１項第１号）です。具体的には、当該役員等個人に要する弁護士費用などが想定されます。

ただし、費用のうち通常要する費用の額を超える部分については、補償の対象とすることはできません（同条第２項第１号）。

また、役員等が自己もしくは第三者の不正な利益を図り、または会社に損害を加える目的で職務を執行した場合の費用については、会社は当該役員等に対し、補償した金額に相当する金銭の返還を請求することができます（同条第３項）。

(2)　損失の補償

補償の対象となる損失は、役員等が、その職務の執行に関し、第三者に生じた損害を賠償する責任を負う場合において、損害を役員等が賠償することにより生ずる損失（会社法第430条の２第１項第２号イ）、または、損害の賠償に関する紛争について当事者間に和解が成立したときは、役員等が当該和解に基づく金銭を支払うことにより生ずる損失（同号ロ）です。

ただし、会社が第三者に対して損害を賠償した場合に役員等に対して会社が会社法第423条第１項に基づき求償できるとき（会社法第430条の２第２項第２号）、役員等が会社に対して損害賠償責任を負う場合において、役員等に悪意・重過失があったとき（同項第３号）は補償の対象外となります。

3　手続規制

会社が補償契約の内容を決定するには、取締役会（取締役会非設置会社にあっては、株主総会）の決議による必要があり（会社法第430条の２第１項柱書）、補償契約に基づく補償をした取締役および当該補償を受けた取締役は、遅滞なく、当該補償についての重要な事実を取締役会に報告しなければなりません（同条第４項）。

税理士業務における**留意点**

中小企業においては、会社の資産規模が小さいために、債権者や株主が会社ではなく役員等に対し責任を追及し、損害賠償を求めるというようなケースが考えられ、補償契約の活用が必要となるケースも想定されます[注]。そこで、補償の範囲や手続き等について十分に理解しておきましょう。

（注）入谷淳「会社補償」税務弘報2020年4月号、53頁を参照。

Q31
D&O保険(注)

Q 令和元年会社法改正によって、いわゆるD&O保険について、新たなルールが導入されたそうですが、その内容を教えてください。

A これまで、会社法には、D&O保険に関する規定はありませんでしたが、令和元年会社法改正によって、D&O保険が役員と会社との利益相反性を有することに照らし、保険の内容を決定する手続等についてルールが設けられました。

1　D&O保険の概要と伝統的な実務

D&O保険とは、会社の役員（取締役・監査役等）が会社または第三者に対する損害賠償責任を負った場合に、その賠償責任や訴訟対応に要する費用をカバーするための保険です。英米で役員を指すDirectors & Officersの頭文字をとって、D&O保険と通称されています。日本では、平成5年の商法改正によって、株主代表訴訟の提訴手数料が（それまで、訴額が大きければそれにスライドして手数料も高額化していたのに対し）定額とされたことから、株主代表訴訟が増加すると想定され、普及し始めました。

もっとも、株主代表訴訟は、会社が役員の行為によって損害を被った場合に、株主が会社に成り代わって役員の責任を追及するものであり、この場合における役員の損害賠償責任や応訴費用を、会社の保険料負担の下に支払うことには、役員と会社との間に利益相反を伴うことになります。

そこで、D&O保険の約款においては、株主代表訴訟を担保する部分は基本的な付保範囲からは除外した上で、特約として付保することとし、その上で、特約部分の保険料を会社が支払う場合には、役員に対して給与課税を行うという取扱いがなされてきました。

2　近時の潮流

しかし、近年の上場会社におけるコーポレートガバナンスの改革に伴い、社外取締役の登用が求められる中で、有為な人材を社外取締役として招くためには、一定の環境整備が必要であり、D&O保険も、そのような環境整備の一環として、その保険料は会社にとって有益な支出であり、株主代表訴訟担保部分も含めて、会社が保険料を支払っても差し支えないのでは、という議論がされるようになりました。

このような流れを受け、経済産業省に設置された「コーポレート・ガバナンス・システムの在り方に関する研究会」(座長：神田秀樹東京大学大学院法学政治学研究科教授〔当時〕)が取りまとめた報告書「コーポレート・ガバナンスの実践～企業価値向上に向けたインセンティブと改革～」(平成27年7月24日公表)は、会社が利益相反の問題を解消するため、①取締役会の承認、および②社外取締役が過半数の構成員である任意の委員会の同意または社外取締役全員の同意の取得、という手続きを踏めば、会社が株主代表訴訟敗訴時担保部分に係る保険料を会社法上適法に負担することができるとの解釈を、当該報告書の別紙3「法的論点に関する解釈指針」(以下「経済産業省解釈指針」といいます) において示しました 。

この経済産業省解釈指針を受け、課税実務においても、経済産業省からの照会に対する回答として、大要、上記報告書の提示した手続きを踏んだ上で株主代表訴訟敗訴時担保部分に係る保険料を負担する場合には、役員に対する経済的利益の供与はないと考えられることから、役員個人に対する給与課税を行う必要はないとの見解が示されました(平成28年2月24日付、個人課税課情報第2号・法人課税課情報第1号「新たな会社役員賠償責任保険の保険料の税務上の取扱いについて(情報)」)。

3　令和元年会社法改正

このように、経済産業省を中心に会社法の新たな解釈が示され、これに対応する課税実務の対応もなされたことから、実務的には一定の解決がなされました。しかし、会社法そのものにはD&O保険について何らのルールもない、という状況には変わりはなく、D&O保険の利益相反性を踏まえると、やはり、会社法に何らかのルールを設けるべきであるということから、令和元年会社法改正によって、D&O保険に関する新たなルールが設けられることになりました。

改正法のルールの骨子は、以下のとおりです。

第1に、「株式会社が、保険者との間で締結する保険契約のうち役員等がその職務の執行に関し責任を負うこと又は当該責任の追及に係る請求を受けることによって生ずることのある損害を保険者が塡補することを約するものであって、役員等を被保険者とするもの」(ただし、法務省令で定められる予定の一定の類型の保険契約を除く）を「役員等賠償責任保険契約」と定義し、かかる役員等賠償責任保険契約の内容の決定をするには、株主総会(取締役会設置会社の場合は、取締役会)の決議によらなければならないものとされました（会社法第430条の３第１項)。ここでいう「役員等」とは、取締役、会計参与、監査役、執行役または会計監査人のことです（会社法第423条第１項)。D&O保険の対象として主に念頭に置かれている上場会社は取締役会設置会社であることが通常であるから、典型的ケースとしては、取締役会の決議によるべきことが想定されています。

第２に、D&O保険のうちで取締役または執行役を被保険者とするものについて、取締役と会社との利益相反取引（**Q26**参照）に係る規定（会社法第356条第１項、第365条第２項、第419条第２項、第423条第３項）は適用しないものとされました（会社法第430条の３第２項)。また、(取締役、執行役のほか監査役、会計参与を被保険者とする場合を含めた）役員等賠償責任保険契約の内容が、(取締役会設置会社の場合において）上記の取締役会決議によって決定されている場合には、契約の締結について、自己契約および双方代理に関する民法の規定(民法第108条）は適用しないものとされました（会社法第430条の３第３項)。D&O保険の締結は、役員等と会社との間で利害が対立する性質を有すると考えられることから、今回の改正前までは、利益相反取引や自己契約、双方代理に関する規制の適用があるのではないか、という疑義があり得ました。これについて、改正会社法では、D&O保険の締結について、個別に新たな手続規制（取締役会設置会社の場合には、取締役会決議による内容を決定する手続き）を設けたことから、利益相反取引規制や自己契約、双方代理に関する規定を重ねて適用することはしないこととしたものでしょう 。

第３に、以上の手続きに加えて、会社法上の公開会社（「その発行する全部又は一部の株式の内容として譲渡による当該株式の取得について株式会社の承認を要する旨の定款の定めを設けていない株式会社」（会社法第２条第５号）。D&O保険において主として想定される上場会社は、会社法上の公開会社に該当します）においては、役員等賠償責任保険契約の被保険者、契約の内容の概要（役員等による保険料の負担割合、塡補の対象とされる保険事故の概要および当該役員等賠償責任保険契約によって当該役員等の職務の適正性が損なわれないようにするための措置を講じているときは、その措置の内容を含む）を、事業報告において開示することが求められています（会社法施行規則第119条第２号の２、第121条の２）。

税理士業務における**留意点**

近年は、社外取締役（**Q28**参照）増加の趨勢に伴い、税理士が社外取締役に就任する事例も増えていると思われます。D&O保険は、社外取締役に就任するに当たっての重要な「インフラ」の一つであり、上記で述べたような過去の経緯も含め、概要を理解しておくことが有用と思われます。

（注）このQ31は、佐藤修二「役員等賠償責任保険契約」税務弘報2020年４月号所収を基に、その概要を記載しました。

第4章

監査役と監査役会

本章では、経営陣を監督する機関である監査役と監査役会に関するルールを概観します。

Q32
監査役の職務

Q　監査役会が設置されていない場合の監査役の職務について教えてください。

A　監査役は、会社の業務全般の監査を行います。すなわち、①会社の業務について調査し、②必要に応じて是正し、また、③実施した調査等について報告することを通じて監査を遂行します。なお、公開会社ではない一定の会社の場合、監査役の監査の範囲を、会計に関するものに限定することができます。

1　業務監査

監査役は、取締役の職務の執行を監査します（会社法第381条第１項前段）。取締役の職務には、使用人の指揮・監督を含むことから、その監査の範囲は、会計を含む会社の業務全般に及ぶことになります。

監査役は、①会社の業務について調査し、②必要に応じて是正し、また、③実施した調査等について報告することを通じて監査を遂行します。これらの具体的な内容については、後記２を参照ください。

監査役と会社は、委任の関係にありますので（会社法第330条）、監査役は、会社に対し、善良な管理者の注意をもって、委任事務を処理する義務、すなわち善管注意義務を負います（民法第644条）。したがって、監査役は、会社のために善良な管理者の注意をもって監査権限を行使する義務を負います。

なお、監査役は、数人の監査役がいる場合であっても、各自独立して監査権限を行使することができます。このことを独任制といいます。そのため、監査役は、例えば、他の監査役が反対したとしても、監査権限、すなわち、後記２の業務・財産調査権限（会社法第381条第２項）や違法行為等差止請求権（会社法第385条第１項）などを行使することができます。

2　職務の詳細

(1)　報告請求権限および業務・財産調査権限

監査役は、いつでも、取締役、支配人その他の使用人等に対して事業の報告を求め、または会社の業務および財産の状況の調査をすることができます（会社法第381条第２項）。また、その職務を行うため必要があるときは、子会社に対して事業の報告を求め、または、その子会社の業務および財産の状況の調査をすることができます（同条第３項）。

なお、取締役は、会社に著しい損害を及ぼすおそれのある事実があることを発見したときは、直ちに、当該事実を監査役に報告しなければなりません（会社法第357条第１項）。

(2)　取締役（取締役会）への報告義務

監査役は、①取締役が不正の行為をし、もしくは当該行為をするおそれがあると認めるとき、または、②法令もしくは定款に違反する事実もしくは著しく不当な事実があると認めるときは、遅滞なく、その旨を取締役（取締役会設置会社の場合は、取締役会）に報告しなければなりません（会社法第382条）。

(3) 取締役会への出席義務等

監査役は、取締役会に出席し、必要があると認めるときは、意見を述べなければなりません（会社法第383条第１項本文）。

また、監査役は、必要があると認めるときは、招集権者（**Q20**参照）に対し、取締役会の招集を請求し、招集されない場合は自ら招集することができます（同条第２項、第３項）。

(4) 株主総会提出議案等の調査・報告

監査役は、取締役が株主総会に提出しようとする議案、書類等を調査しなければなりません。また、この場合において、法令もしくは定款に違反し、または著しく不当な事項があると認めるときは、その調査の結果を株主総会に報告しなければなりません（会社法第384条）。

(5) 違法行為等差止請求権

監査役は、取締役が会社の目的の範囲外の行為その他法令もしくは定款に違反する行為をし、またはこれらの行為をするおそれがある場合において、当該行為によって会社に著しい損害が生ずるおそれがあるときは、当該取締役に対し、当該行為をやめることを請求することができます（会社法第385条第１項）。

(6) 取締役との間の訴訟の代表

監査役は、取締役と会社との間の訴えにおいて、会社を代表します

(会社法第386条第１項第１号)。

(7) 監査報告

監査役は、監査の結果をまとめた監査報告を作成しなければなりません（会社法第381条第１項後段)。

3　会計監査に限定された監査役について

公開会社でない株式会社（監査役会設置会社および会計監査人設置会社を除きます）は、定款で、監査役の監査の範囲を会計に関するものに限定することができます（会社法第389条第１項)。

会計監査に限定された監査役は、上記２の職務に係る権限・義務を有さず（同条第７項)、その職務は、以下のとおり、会計に関する事項に限定されます（同条第２項～第６項)。

(1) 会計書類の閲覧謄写権限および会計に関する報告請求権限

会計監査に限定された監査役は、いつでも、会計帳簿または会計帳簿に関する資料を閲覧および謄写し、または取締役、支配人その他の使用人等に対して会計に関する報告を求めることができます（会社法第389条第４項)。

(2) 子会社に対する会計に関する報告請求権限および業務・財産調査権限

会計監査に限定された監査役は、その職務を行うため必要があるときは、会社の子会社に対して会計に関する報告を求め、または会社もしくはその子会社の業務および財産の状況の調査をすることができます（会社法第389条第５項）。なお、当該子会社は、正当な理由があるときは、上記の報告または調査を拒むことができます（同条第６項）。

⑶　会計に関する株主総会提出議案等の調査権限およびその調査結果の報告義務

会計監査に限定された監査役は、取締役が株主総会に提出しようとする会計に関する議案、書類等を調査し、その調査の結果を株主総会に報告しなければなりません（会社法第389条第３項）。

⑷　監査報告

監査役は、監査の結果をまとめた監査報告を作成しなければなりません（会社法第389条第２項）。

税理士業務における**留意点**

監査役は、基本的に監査権限を会社のために行使する義務を負います。そして、その義務の不履行は、善管注意義務違反になります。監査役の監査の範囲は、会計監査を含む会社の業務全般に及ぶ場合と会計監査に限定される場合とがあります。その会社が監査役の監査の範囲を会計監査に限定しているか否かは、定款で確認できます。

Q33

監査役会の職務権限

Q　①監査役会の職務権限および②監査役会設置会社における監査役の職務権限について教えてください。

A　①監査役会は、監査報告の作成、常勤監査役の選定および解職、ならびに監査の方針、会社の業務および財産の状況の調査の方法その他の監査役の職務の執行に関する事項の決定を行います。②監査役会設置会社における監査役も監査役会設置会社ではない会社の監査役（監査の範囲を会計に関するものに限定された監査役を除きます）と同様の監査権限を有します。

1　監査役会の構成

監査役会は、すべての監査役で組織されます（会社法第390条第１項）。

監査役会においては、監査役は、三人以上で、かつ、そのうち半数以上は、社外監査役でなければなりません（会社法第335条第３項）。

社外監査役とは、その就任の前10年間、当該会社またはその子会社の取締役、支配人その他の使用人等であったことがないなど（会社法

第２条第16号）、会社との過去および現在の関係において高い独立性を有する監査役をいいます。

また、監査役会は、監査役の中から常勤の監査役（常勤監査役）を一人以上、選定しなければなりません（会社法第390条第３項）。

2　監査役会の職務権限

監査役会は、次に掲げる職務を行います（会社法第390条第２項本文）。

① 監査報告の作成（同項第１号）

② 常勤監査役の選定および解職（同項第２号）

③ 監査の方針、会社の業務および財産の状況の調査の方法その他の監査役の職務の執行に関する事項の決定（同項第３号）

監査役会設置会社では、各監査役の監査報告に基づき、監査役会の監査報告が作成されます（会社法施行規則第130条第１項）。監査役会の監査報告は多数決に基づき形成されますが、ある事項について、監査役会の監査報告の内容と監査役の監査報告の内容が異なる場合、監査役は、自己の監査報告の内容を監査役会の監査報告に付記することができます（同条第２項後段）。

なお、上記③の決定は、個々の監査役の権限の行使を妨げることはできません（独任制）（会社法第390条第２項ただし書）。例えば、監査役会において、各監査役の業務および財産の状況の調査の分担について、決定されたとしても、個々の監査役が自己の判断で調査することは妨げられません。

3　監査役会設置会社における監査役の職務権限

監査役会設置会社において、各監査役は、監査役会設置会社ではない会社の監査役（監査の範囲を会計に関するものに限定された監査役を除きます）と同様に、**Q32**で説明した監査権限を有します。また、各自が独立して監査権限を行使できる点も同様です（独任制）（会社法第390条第２項ただし書）。

監査役は、監査役会の求めがあるときは、いつでもその職務の執行の状況を監査役会に報告しなければなりません（同条第４項）。監査役間の意思疎通を容易にするためです。

なお、監査役会設置会社では、取締役が会社に著しい損害を及ぼすおそれのある事実があることを発見した場合の取締役の報告義務の相手方は、監査役ではなく、監査役会になります（会社法第357条第２項）。

税理士業務における**留意点**

監査役会設置会社においても、各監査役の監査権限は制限されませんので（独任制）、監査役は、各々、会社のために善良な管理者の注意をもって監査権限を行使しなければなりません。

Q34
監査役会の運営

Q　監査役会の運営について教えてください。

A　監査役会は、各監査役が招集します。監査役会の決議は、全監査役の過半数をもって行います。監査役会の議事については、議事録を作成し、本店に10年間備え置かなければなりません。

1　招集

監査役会は、各監査役が招集します（会社法第391条）。

監査役会を招集するには、監査役は、監査役会の日の１週間（定款に定めることにより短縮できます）前までに、各監査役に対してその通知を発しなければなりません（会社法第392条第１項）。もっとも、監査役全員の同意があるときは、招集手続を省略できます（同条第２項）。

2　決議

監査役会の決議は、全監査役の過半数をもって行います（出席した監査役の過半数ではありません）（会社法第393条第１項）。取締役会と異なり、決議を省略する（書面決議による）ことはできません（会社法

第370条）（取締役会の書面決議については、**Q20**参照）。

3　議事録

(1)　監査役会議事録の作成と備置き

監査役会の議事については、議事録を作成しなければなりません（会社法第393条第２項）。監査役会に出席した監査役は、監査役会議事録が書面をもって作成されているときは、これに署名し、または記名押印し（同項）、電磁的記録をもって作成されているときは、電子署名をしなければなりません（同条第３項、会社法施行規則第225条第１項第７号）。

監査役会の決議に参加した監査役であって監査役会議事録に異議をとどめないものは、その決議に賛成したものと推定されます（会社法第393条第４項）。

監査役会議事録には、監査役会が開催された日時および場所や監査役会の議事の経過の要領およびその結果を記載しなければなりません（会社法施行規則第109条第３項）。

監査役会設置会社は、監査役会の日から10年間、監査役会議事録をその本店に備え置かなければなりません（会社法第394条第１項）。

株主は、その権利を行使するため必要があるときは、裁判所の許可を得て、監査役会議事録の閲覧または謄写の請求をすることができます（同条第２項）。

(2)　罰則

監査役会議事録に記載すべき事項を記載しなかった場合や虚偽の記載を行った場合、監査役は、100万円以下の過料に処せられます（会社法第976条第７号）。

　また、監査役会議事録について、10年間の備置きをしなかった場合も同様に、100万円以下の過料に処せられます（同条第８号）。

税理士業務における**留意点**

　監査役会議事録を作成していなかったり、監査役会議事録に事実と異なる記載をしていたり、あるいは、監査役会議事録を法定期間（10年間）保管していなかったりする場合、単に会社法に違反している状態になるというだけでなく、上記のように罰則の対象となりますので、留意する必要があります。

Q35
監査役の選任・任期・終任

Q　監査役の選任、任期および終任について教えてください。

A　監査役は、株主総会決議で選任されます。監査役の任期は、4年になります。もっとも、発行するすべての株式に譲渡制限が付されている会社では監査役の任期を10年まで伸長することができます。監査役は、任期の満了、死亡、破産手続開始決定、後見開始、監査役の資格喪失、辞任、解任により、終任となります。

1　監査役の選任

監査役は、株主総会決議で選任されます（会社法第329条第１項）。

なお、監査の実効性の観点から、監査役の経営陣からの独立性を確保するため、監査役には、監査役選任のプロセスに関与する権限が与えられています。

まず、取締役は、監査役がある場合において、監査役の選任に関する議案を株主総会に提出するには、監査役（①監査役が二人以上の場合は、その過半数、②監査役会設置会社の場合は、監査役会）の同意を得なければなりません（会社法第343条第１項）。

また、監査役（監査役会設置会社の場合は、監査役会）は、取締役に対し、監査役の選任を株主総会の目的とすることまたは監査役の選任に関する議案を株主総会に提出することを請求することができます（同条第２項）。

さらに、監査役は、監査役の選任について、株主総会で意見を述べることができます（会社法第345条第１項第４項）。

2　監査役の兼任制限

監査役は、会社またはその子会社の取締役または支配人その他の使用人等を兼ねることができません（会社法第335条第２項）。会社の経営陣から独立した立場で監査を行うことが期待されているためです。

3　監査役の任期

監査役の任期は、その選任後４年以内に終了する事業年度のうち最終のものに関する定時株主総会の終結の時までとなります（会社法第336条第１項）。

監査役の任期は、監査役の身分を保証し、経営陣から独立した立場で監査を行えるよう、取締役の任期（原則２年。**Q23**参照）よりも長く法定されており、また、取締役の任期（会社法第332条第１項ただし書）と異なり、短縮することはできません。

なお、公開会社でない株式会社においては、定款によって、監査役の任期をその選任後10年以内に終了する事業年度のうち最終のものに関する定時株主総会の終結の時まで伸長することができます（会社法第336条第２項）。

4　監査役の終任

監査役は、任期の満了、死亡（会社法第330条、民法第653条第１号）、破産手続開始決定（民法同条第２号）、後見開始（民法同条第３号）、監査役の資格喪失（会社法第335条第１項において取締役の資格喪失に関する会社法第331条第１項を準用。取締役の資格喪失については、**Q24**参照）、辞任、解任により、終任となります。

監査役を解任する場合、取締役の場合と異なり、株主総会の特別決議によることが必要になります（会社法339条第１項、第309条第２項第７号）。監査役の独立性を確保するためです。

解任された監査役は、その解任について正当な理由がある場合を除き、会社に対し、解任によって生じた損害の賠償を請求することができます（会社法第339条第２項）。この点は、取締役の場合と同様になります。

また、選任の場合と同様に、監査役は、辞任および解任について、株主総会で、意見を述べることができます（会社法第345条第１項、第４項）。

税理士業務における**留意点**

会社が発行するすべての株式に譲渡制限を付すか否かにより、監査役の任期は異なります。

Q36
監査役の報酬

Q　監査役の報酬を決定するための手続きについて教えてください。

A　監査役の報酬は、定款、または株主総会の決議によって定められます。定款または株主総会決議において、その総額（上限）のみ定められた場合は、各監査役の報酬は、監査役の協議により定められます。

1　監査役の報酬等

監査役の報酬等（報酬、賞与その他の職務執行の対価として株式会社から受ける財産上の利益をいいます（会社法第361条第１項）。以下同じ）は、定款、または株主総会の決議によって定められます（会社法第387条第１項）。

監査役が二人以上いる場合において、各監査役の個別の報酬等について定款の定めまたは株主総会の決議がないときは、当該報酬等は、定款または株主総会の決議により定めた報酬等の総額（上限）の範囲内において、監査役の協議によって定められます（同条第２項）。

監査役の経営陣からの独立性を確保する観点から、監査役の報酬等の総額（上限）および各監査役の個別の報酬等の額について、取締役会や代表取締役が決定することは許されません。

なお、監査役は、株主総会において、監査役の報酬等について意見を述べることができます（同条第３項）。

2　費用の請求等

監査役がその職務の執行について会社に対して次に掲げる請求をしたときは、当該会社は、当該請求に係る費用または債務が当該監査役の職務の執行に必要でないことを証明した場合を除き、これを拒むことができません（会社法第388条）。

①　費用の前払の請求（同条第１号）

②　支出した費用および支出の日以後におけるその利息の償還の請求（同条第２号）

③　負担した債務の債権者に対する弁済等の請求（同条第３号）

監査の実効性を確保する観点から、費用等の必要性の証明責任を監査役に負わせるのではなく、費用等が必要ではないことの証明責任を会社に負わせようというものです。

税理士業務における**留意点**

取締役会や代表取締役は、監査役の報酬を決定できませんので、留意が必要です。

Q37
監査役の責任

Q　監査役がその義務に違反した場合、どのような責任を負うのか教えてください。

A　監査役は、その任務を怠ったとき（善管注意義務に違反したとき）、会社に対し、これによって生じた損害を賠償する責任を負います。また、監査役は、悪意または重大な過失により任務を怠ったとき、第三者に対し、これによって生じた損害を賠償する責任を負います。

1　監査役の義務

監査役と会社は、委任の関係にありますので（会社法第330条）、監査役は、会社に対し、善良な管理者の注意をもって、委任事務を処理する義務、すなわち善管注意義務を負います（民法第644条）。したがって、監査役は、監査権限（**Q32**参照）を、会社のために善良な管理者の注意をもって行使する義務を負います。

なお、監査役は、業務執行を行わないため、取締役と異なり、会社との間で利害が対立し得る一定の場合における特別の規制（競業取引規制・利益相反取引規制）は置かれていません（**Q26**参照）。もっとも、監査役は、職務上知り得た会社の営業秘密を利用して私利を図るなどして会社に損害を生じさせた場合、善管注意義務違反となります。

2　監査役の責任

(1)　会社に対する責任

監査役は、その任務を怠ったときは（任務懈怠）、会社に対し、これによって生じた損害を賠償する責任を負うことになります（会社法第423条第1項）。監査役の善管注意義務違反は、任務懈怠に該当します。

過去の裁判例において監査役の任務懈怠を認めた事例として、例えば以下のものが挙げられます。

①　取締役が明らかな善管注意義務に違反していた事案（取締役が、食品衛生法上使用の認められていない添加物を使用した商品を販売継続していた事実を知りながら、積極的に公表しないとの方針を採用した事案）において、これを黙認した監査役の善管注意義務違反（任務懈怠）を認めたもの（大阪高判平成18年6月9日判タ1214号115頁）。

②　代表取締役が、会社の資金を不当に流出させていた事案において、監査役が、取締役会に対し、内部統制システムを構築するよう助言または勧告すべき義務、および代表取締役を解職すべき旨を助言または勧告すべき義務を怠ったとして監査役の任務懈怠を認めたもの（大阪高判平成27年5月21日判時2279号96頁）。

この監査役の会社に対する責任は、総株主の同意がある場合、免除することができます（会社法第424条）。

また、会社は、監査役が職務を行うにつき善意であり、かつ重過失がない場合、一定の要件（注1）の下、監査役の責任の一部を免除することもできます（会社法第425条、第426条）。

さらに、一定の要件(注2)の下、会社と責任額を限定する契約を締結することができます（会社法第427条）。

なお、監査役が会社に対し、責任を負う場合（会社法第423条第１項等）に、その責任は会社自身が追及するのが原則ですが、会社法は、個々の株主に、会社のために取締役等の責任を追及する訴えを提起することを認めています（会社法第847条本文）。このような訴訟を株主代表訴訟といいますが、詳細は、**Q27**を参照ください。

⑵　第三者に対する責任

監査役がその職務を行うについて悪意または重大な過失があったときは、当該監査役は、これによって第三者に生じた損害を賠償する責任を負います（会社法第429条第１項）。

監査役は、監査報告に記載し、または記録すべき重要な事項についての虚偽の記載または記録した場合、注意を怠らなかったことを証明しない限り、第三者に生じた損害を賠償する責任を負います（会社法第429条第２項第３号）。

税理士業務における**留意点**

上記のとおり、監査役は、会社のために善良な管理者の注意をもって監査権限を行使する義務を負うため、監査役の責任の多くは、監査権限を適切に行使していなかった場合に問題になります。過去に会社の取締役や使用人であった者が監査役になるケースが多いと思われますが、その場合においても、監査役は、同僚意識から監査に手心を加えるようなことをしてはならず、会社（ひいては株主）のために、緊張感を持ってその職務を全うする必要があります。

（注１） 株主総会の特別決議による場合（会社法第425条）や、定款に定める責任軽減規定に基づく取締役会決議（取締役会が設置されていない株式会社の場合は、取締役の過半数の同意）による場合（ただし、事実関係に照らし、特に必要性が認められる場合に限られます）（会社法第426条）があります。

（注２） 任務懈怠責任について、①職務執行について善意であり、かつ重過失がないこと、および、②定款で定めた額の範囲内であらかじめ会社が定めた額と最低責任限度額（報酬の２年分）とのいずれか高い額を限度とする旨の契約（責任限定契約）を締結する旨を定款で定めることができます（会社法第427条第１項）。

第5章

株式

本章では、株式会社の実質的な所有権を表章する株式について、基礎的な部分を概観します。

Q38
株式とは何か

Q　株式会社は株式を発行しており、株式の保有者はその会社の株主と呼ばれています。株式とはどのようなもので、株主は会社に対してどのような権利を有しているのでしょうか。

A　株式とは、株式会社の構成員としての地位を割合的単位の形で表したものであり、株式の保有者（株主）は株式会社の構成員となります。株主は、会社に対して、経済的なメリットを享受する権利（自益権）と経営に参加する権利（共益権）を有しています。

株式会社は、営利を目的とする法人であり、事業によって得た利益を構成員に分配することを目的として設立されます。この利益の分配を受けることのできる構成員としての地位を、株式会社は、株式という割合的単位の形で発行します。株式会社が発行した株式を取得し、または他の株式保有者から株式を譲り受けて株式の保有者となった者が当該株式会社の構成員となり、株主と呼ばれます。

株主は、株式会社に対してさまざまな権利を有していますが、その権利の内容は大きく二つに分けられます。一つは、株式会社が得た利益の分配を受ける等の、経済的メリットを享受する権利であり、このような権利を「自益権」と呼びます。もう一つは、株式会社の経営に参加する権利、具体的には、株主総会で議決権を行使する権利であり、このような権利を「共益権」と呼びます。

税理士業務における**留意点**

株式の譲渡や相続の場面で税理士が依頼を受けることは多いでしょう。そのような場面で、株式を譲り受けまたは承継する者が株式会社に対してどのような権利を有するのかについて、正確に整理しておく必要があります。特に、中小企業では、大株主がそのまま代表取締役になっており、株主の地位と代表取締役としての地位の違いが明確に認識されていないケースも少なくありませんので、「株式」とは何か、「株主」がどのような権利を有するのかを、明確に説明できることが必要であると思われます。

Q39
株券とは何か

Q 株主は、株式の数などが記載された株券を保有しているイメージがあります。株券には、どのような役割があるのでしょうか。株式を発行する場合、会社は必ず株券を発行しなければいけないのでしょうか。

A 株券は、株式を表章する有価証券です。株券は、株式の保有者を明らかにする役割を担っており、株式を譲渡するためには株券を交付しなければならないこと、株券の占有者が株式の権利を適法に有するものと推定されること等が会社法によって定められています。会社法上、株券は発行しないのが原則とされており、特に定款で「株券を発行する」旨が定められている場合にのみ、会社は株券を発行することができます。

会社法の制定前、旧商法の時代には、株式会社は原則として株券を発行することと定められていました。しかし、特に中小企業で、株券の紛失が多く発生する等の問題があったため、会社法制定時に、株式会社は原則として株券を発行しないこととなりました。もっとも、会社法制定以前から存続していた会社は、定款に株券を発行しない旨の定めがない限り、株券発行会社とみなされるため、株券発行会社の状態が継続している中小企業も数多く存在します。

株券発行会社の場合、株券の占有者は、当該株券に表章された株式についての権利を適法に有するものと推定する旨が定められています（会社法第131条第１項）。また、株式を譲渡する際には、株券の交付が当該譲渡の効力要件であり、株券が交付されない株式譲渡はその効力を生じないものと定められています（会社法第128条第１項本文）。これらの規定があるため、株券が紛失された場合や、株券が交付されないまま株式譲渡が行われた場合、誰が真の株主かが不明確になることがあります。

税理士業務における**留意点**

株式譲渡について相談を受けた場合に、当該株式を発行している会社が株券発行会社か否かが非常に重要な意味を持ちます。適法な株主から有効な株式譲渡を受けるためには、当該株式の発行会社の定款を確認することが必要です。

Q40
株主名簿とは何か

Q 誰が会社の株主になっているかは、どのように確認すればよいのでしょうか。

A 株式会社は、株主の氏名や保有株式数等を記載または記録した株主名簿を作成しなければなりません。株式会社の株主および債権者は、株主名簿の閲覧または謄写を請求することができるため、当該請求権を行使して株主名簿を確認することにより、会社の株主を把握することができます。

株主にとって重要な権利の一つに、株主総会で議決権を行使することによって会社の経営に参加する権利があります。このとき、株主がどの程度の影響力を会社に対して行使できるかは、当該株主が保有している株式数と、他の株主が保有している株式数に応じて決まることとなります。したがって、他の株主が何株を保有しているかを確認することが重要となります。

他の株主の保有株式数は、株主名簿によって確認することができます。株主名簿には、株主の氏名または名称、保有株式数、株式を取得した日といった情報が記載されます（会社法第121条各号）。株式の譲渡は、その株式を取得した者の氏名等が株主名簿に記載または記録されなければ、当該株式譲渡を株式会社その他の第三者に対して対抗することができません（会社法第130条第１項）。したがって、会社が作成している株主名簿には、その時点での真正な株主とその保有株式数が記載されていると考えられます。

税理士業務における**留意点**

株式の価値を算定するためには、当該株式によってどのような経済的メリットを享受することができるかという点のほか、当該株式によって会社にどの程度の影響力を行使することができるかという点も重要です。株主名簿を確認することにより、他にどのような株主が存在し、当該株主が何株を保有しているかを把握することができます。

Q41
株主名簿の記載内容等

Q　会社は、必ず株主名簿を作らなければならないのでしょうか。株主名簿を作る場合には、どのような情報を記載しなければならないのでしょうか。

A　株式会社は、必ず株主名簿を作成しなければなりません。株主名簿を作成しなかった場合には、代表取締役等に対する過料の制裁が定められています。株主名簿の法定記載事項は、①株主の氏名または名称および住所、②株主の有する株式の数（種類株式発行会社にあっては、株式の種類および種類ごとの数）、③株式を取得した日、④（株券発行会社の場合）株式に係る株券の番号です。

株主名簿は、誰が会社の株主で、どの株主が何株保有しているかを明らかにするものであり、すべての株式会社に作成が義務付けられています。株主名簿の不作成や虚偽記載には、過料の制裁が定められています（会社法第976条第７号）。

株主名簿には、①株主の氏名または名称および住所、②株主の有する株式の数（種類株式発行会社にあっては、株式の種類および種類ごとの数）、③株式を取得した日、④（株券発行会社の場合）株式に係る株券の番号を記載する必要があります（会社法第121条各号）。

税理士業務における**留意点**

中小企業の中には、そもそも株主名簿を作成していない会社や、株主に変動があったにもかかわらず株主名簿を更新していない会社も少なくありません。しかし、株主名簿の記載内容によって法的な効果が変わってくる場合もあるため（**Q42**を参照）、株主名簿が適切に作成され、管理されているかを確認しておくことが重要です。

また、株主名簿を作成し、株主の変動を反映している場合であっても、株式を取得した日や株券番号を記載していない等、株主名簿の法定記載事項が遵守されていないケースも多く見受けられますので、注意が必要です。

Q42
株主名簿の役割等

Q 株主名簿には、どのような役割があるのでしょうか。株主名簿に正しい株主の情報が記載されていなかった場合、どのような問題が起きるのでしょうか。

A 株主名簿には、①基準日時点で株主として権利行使することのできる者の範囲を確定する、②株主名簿への記載または記録が株式譲渡の対抗要件となる、といった法的効果があります。株主名簿の記載が誤っていた場合には、真の株主が株主として扱われず、会社からの分配を受けられない、株主総会で議決権を行使できないといった不利益を被る可能性があります。

株主は、会社に対し、事業によって生じた利益の分配を受ける権利や株主総会で議決権を行使する権利を有しています。これらの権利は、会社が定めた基準日において株主名簿に記載または記録されている株主が行使することができることとされています（会社法第124条第１項）。このように、株主名簿の記載には、会社に対して株主としての権利を行使することのできる株主の範囲を確定するという役割があります。

また、株式が譲渡された場合には、その株式を取得した者の氏名または名称および住所が株主名簿に記載または記録されない限り、当該株式を取得した者は、会社その他の第三者に対し、当該株式の取得を対抗できないこととされています（会社法第130条第１項）。したがって、株式を譲り受けた者は、株主名簿にその氏名等が記載または記録されない限り、会社に対して株主としての権利を主張できないこととなります。

以上のように、株主名簿への記載は、株主による権利行使に大きな影響を及ぼすこととなります。

税理士業務における**留意点**

会社が真の株主とは異なる者を株主として取り扱い、その者に利益を分配し、株主総会で議決権を行使させた場合、会社は、真の株主から利益の分配請求を受けるリスクや、株主総会決議を取り消されるリスクを抱えることとなります。したがって、真の株主が適切に権利を行使することができるよう、株主名簿がきちんと作成され、最新の状態に保たれているかを適宜確認しておくことが重要となります。

Q43
募集株式の発行手続

Q 会社が株式を発行するためには、どのような手続きを行う必要があるのでしょうか。

A 会社が株式を発行するためには、株式の譲渡制限がない会社では取締役会が、株式の譲渡制限がある会社では株主総会が、発行する株式の募集事項を定めることが必要です。もっとも、発行する株式の払込金額が特に有利な金額である場合には、株式の譲渡制限がない会社であったとしても、募集事項の決定は株主総会の決議によることが必要となります。

発行株式の募集事項が機関決定された後は、株式の引受けの申込みを受け、申込者の中から募集株式の割当てを受ける者（引受人）を定め、引受人が出資を履行することにより、当該引受人が募集株式の株主となります。

会社が株式を発行するに当たって必要となる機関決定は、会社が発行する株式に譲渡制限が付されているか否かによって異なります。発行する全部の株式について譲渡制限を付している会社（非公開会社）

が株式を発行する場合には、株主総会の特別決議による機関決定が必要となります（会社法第199条第２項、第309条第２項第５号）。これは、非公開会社の株主は持株比率の維持に重大な利害関係を有しているため、既存株主の持株比率を希釈化させる可能性のある新株発行について、株主の３分の２以上の賛成を要することとしたものです。

他方、発行する株式の全部または一部について譲渡制限が付されていない会社（公開会社）については、取締役会の決議によって新株発行の募集事項を定めることができることとされています（会社法第201条第１項）。公開会社の株主は、通常、持株比率について重大な利害関係を有しているわけではないためです。もっとも、新たに発行される株式の払込金額が特に有利な金額である場合には、既存株主に経済的なデメリットが生じることとなるため、やはり株主総会の特別決議が必要とされます（会社法第201条第１項、第199条第３項）。

会社が新株発行の募集事項を決定した後は、新株の引受けを希望する者が引受けの申込みを行い（会社法第203条第２項）、申込者の中から株式の割当てを受ける者（引受人）および割り当てる株式数を会社が定めます（会社法第204条第１項）。引受人は、募集事項として定められた期日または期間内に出資の履行を行い、引き受けた株式についての株主となります（会社法第208条第１項、第209条第１項）。

税理士業務における**留意点**

会社が株式を発行するに当たっては、適法な機関決定によって募集事項を定めることが重要です。株主総会の特別決議が必要であるにもかかわらず取締役会決議によって募集事項を定めた場合には、募集株式の発行について差止請求がなされる、取締役の善管注意義務違反の責任が問われる等のリスクがあります。特に、公開会社であっても有利発行に当たる場合には株主総会の特別決議が必要となりますので、新株の払込金額が「特に有利な金額」でないかについては慎重に判断することが必要となります。

Q44
発行手続の瑕疵

Q 会社が募集株式の発行手続を適切に行わなかった場合、発行された株式は無効になるのでしょうか。

A 募集株式の発行手続に瑕疵がある場合でも、直ちに発行された株式が無効になるわけではなく、新株発行無効の訴えの請求認容判決が確定しない限り、その株式は有効なものとして取り扱われます。発行手続に瑕疵がある場合に必ず新株発行無効の訴えが認められるわけではなく、新株発行の無効原因は一定の重大な瑕疵に限定されています。

新株発行無効の訴えが提起されないまま出訴期間が経過した場合には、発行された新株は有効なものとして確定します。

募集株式の発行手続に瑕疵がある場合、民法の一般原則によれば、その募集株式の発行は無効であり、その無効は誰でも、いつでも主張することができることとなります。しかし、会社が新株を発行した場合には、当該新株が発行されたことを前提としてさまざまな手続き・

法的効果が重なっていくこととなりますので、これが後に無効となると、法的安定性を著しく欠くこととなります。

そこで会社法は、新株発行の無効は無効の訴えをもってのみ主張できることとし（会社法第828条第１項第２号）、当該訴えを提起できる者を会社の株主等に限定し（会社法第828条第２項第２号）、かつ、新株発行無効の訴えの出訴期間を６か月以内（非公開会社にあっては１年以内）に限定しました。また、新株発行無効の訴えの請求を認容する判決が確定した場合には、その確定判決は第三者に対しても効力を有し（会社法第838条）、将来に向かってのみ無効となる（無効の効力が遡及しない。会社法第839条）等、法的安定性を阻害しないためのさまざまな規定を設けています。

加えて、軽微な瑕疵がある場合に新株発行を無効とすると、やはり法的安定性を害するため、新株発行の無効原因は一定の重大な瑕疵に限定されています。新株発行の無効原因は法定されていませんが、判例上、定款に定められた発行可能株式総数を上回る発行である場合、非公開会社で必要とされる株主総会の特別決議を欠いた新株発行である場合、新株発行の差止仮処分命令に違反する新株発行である場合等が、新株発行の無効原因であると解されています。他方、公開会社で必要とされる取締役会決議を欠いた新株発行であっても、代表取締役が当該新株発行を行っていれば、取締役会決議を欠くという瑕疵は新株発行の無効原因ではないと解されています。

たとえ新株発行に無効原因がある場合であっても、その主張は無効の訴えによる場合に限定され、無効の訴えには出訴期間の制限があるため、出訴期間を経過した場合には、当該新株発行は有効なものとして確定します。

税理士業務における**留意点**

会社に支配権争いがあるような場合には、適法とはいえない強引な新株発行が行われるケースもあります。そのような場合であっても、新株発行は無効の訴えによらなければ無効とすることができず、また無効原因も一定の重大な瑕疵に限定されているため、新株発行を無効とするためのハードルは高いものとなります。顧客である会社に支配権争いが生じているような場合には、新株が発行される前に差止請求を行う等、適時適切に対応することが重要となります。

Q45
株式の散逸の防止

Q 会社の株主について相続が発生すると、会社にとって好ましくない相続人が株主となることや、複数の相続人に承継されて株式が散逸することなど、会社にとって不都合な事態が起こり得ますが、これを防ぐことは可能でしょうか。

A 会社は、相続その他の一般承継によりその会社の譲渡制限株式を取得した者に対し、その株式を会社に売り渡すことを請求することができる旨を定款で定めることができます。このような規定を定款に定めた会社は、株主総会の特別決議により、相続人に対して株式の売渡しを請求することができます。

会社の株式について譲渡制限が定められている場合であっても、その譲渡制限は株式の「譲渡」による移転について制限するにとどまり、相続等の一般承継による移転については、会社の承認がなくとも移転の効果が生じることとなっています（会社法第134条第４号参照）。しかし、譲渡制限株式を発行している会社において、会社にとって好ましくない相続人が株主となることを阻止したい、複数の相続人に株式が散逸するのを防止したい、といった意向があることも考えられます。このような意向を実現するために、会社法は、相続人等に対する売渡請求の制度を定めました。

この制度を利用したい会社は、定款に、相続その他の一般承継により会社の株式（譲渡制限株式に限ります）を取得した者に対し、当該株式を会社に売り渡すことを請求することができる旨を定めなければなりません（会社法第174条）。そして、実際に売渡請求を行う際には、売渡請求する株式の数および売渡請求の相手方について株主総会の特別決議を得る必要があります（会社法第175条第１項各号、第309条第２項第３号）。なお、売渡請求は、会社が相続その他の一般承継があったことを知った日から１年以内に行う必要があります（会社法第176条第１項ただし書）。

税理士業務における**留意点**

中小企業においては、株主が亡くなった際に株式が相続人に分割して承継され、株式が散逸した状態となっているというケースが多々あります。このような状態では、株主総会の定足数が満たせない、株主総会の招集通知の発送を適法に実施することができない、剰余金の配当を行う際に誰に支払えばよいかわからない等、さまざまな問題が生じ得ます。これらの不都合を事前に回避するための方策として、会社の定款に、相続人等に対する売渡請求ができる旨を定めるよう会社にアドバイスすることが考えられます。

Q46
種類株式とは何か

Q　会社は、どのような内容の株式を発行することができるのでしょうか。一つの会社が内容の異なる複数の株式を発行することはできるのでしょうか。

A　会社は、発行する全部の株式の内容として、①株式の譲渡について会社の承認を要すること、②会社に対して株式の取得を請求することができること、および③会社が一定の事由が生じたことを条件として株式を取得することができることを定めることができます。また、剰余金の配当を受ける権利や、株主総会において議決権を行使することのできる事項等、一定の事項について、異なる定めをした、内容の異なる二以上の種類の株式を発行することができます。

会社は、株主を平等に取り扱わなければならないこととされています（株主平等原則。会社法第109条第１項）。もっとも、会社は、発行するすべての株式の内容として一定の事項を定めることができ、また、内容の異なる複数の種類の株式（種類株式）を発行することもできることとされています。

まず、発行するすべての株式の内容として定めることができる事項としては、①譲渡による当該株式の取得について会社の承認を要すること（譲渡制限株式）、②当該株式について株主が会社に対してその取得を請求することができること（取得請求権付株式）、および③当該株式について会社が一定の事由が生じたことを条件としてこれを取得することができること（取得条項付株式）、の三つの事項があります（会社法第107条第１項各号）。会社は、これらの事項を定款に定めることにより、通常発行される株式とは異なる内容の株式を発行することができます。

また、会社は、定款に種類株式の内容および発行可能種類株式総数を定めることにより、内容の異なる二以上の種類株式を発行することができます（会社法第108条第１項各号、第２項）。種類株式の内容としては、剰余金の配当について優劣を付ける等の自益権に関するもの、株主総会において議決権を行使することができる事項を制限する等の共益権に関するもの、当該種類株式について取得請求権や取得条項を付するもの等があります。

会社は、種類株式を活用することにより、株主のニーズに合わせた柔軟な株式発行が可能となります。例えば、剰余金の配当のみに興味があり議決権に関心を有しない株主に対しては、剰余金の分配について優越的な地位が付されているが無議決権の株式を発行する等の工夫が考えられます。

なお、種類株式の発行会社が上場する場合には、通常、すべての種類株を普通株に転換することとなります。このような場合のために、種類株式には取得条項を設けておき、種類株式の取得の対価として会社の普通株式を交付する旨を定めるような工夫も考えられます。

税理士業務における**留意点**

中小企業の事業承継等の場面では、後継者に株式を譲渡し経営は譲るものの、一定の事項については影響力を行使したいといった意向を現経営者が示すことがあります。このような場合にも、種類株式を用いることにより、現経営者の意向を実現することが可能となる場合があります。

Q47
新株予約権とは何か

Q 新株予約権とは何でしょうか。どのような目的で使用されるのでしょうか。

A 新株予約権とは、一定の期間内にあらかじめ定められた金額（権利行使価格）を会社に払い込むことにより、会社の株式の交付を受けることができる権利のことです。会社が新株予約権を発行し、これを引き受けた者が新株予約権者となります。新株予約権は、会社の株価が上昇したときに行使すると新株予約権者に経済的なメリットを与えることから、役員や従業員に対するインセンティブ報酬として使用されることがあります。

株式会社は、新株予約権を発行することができます。新株予約権の発行手続はおおむね新株発行の場合と同様であり、新株予約権の引受人は、会社が定めた割当日に新株予約権者となります（会社法第245条第１項）。新株予約権者は、自己が引き受けた新株予約権の内容に従い、権利行使期間内に権利行使価格を払い込むことにより、当該新株予約権の目的である株式の株主となります（会社法第282条第１項）。

新株予約権者は、あらかじめ定められた一定の金額を払い込むことにより、権利行使期間内の任意のタイミングで会社の株式を取得する権利（オプション）を有しています。したがって、新株予約権の行使により交付される株式の価格が、新株予約権者が新株予約権の発行時および権利行使時に払い込む金額の合計より高い場合には、その差額分、新株予約権者は経済的なメリットを享受することとなります。そこで、新株予約権は、会社の業績向上のインセンティブを与えることを目的として役員や従業員に交付されることがあります。役員や従業員の頑張りによって会社の業績が向上すると、会社の価値が上がってそれが株価に反映されるため、結果として新株予約権を保有する役員や従業員の経済的メリットにつながることとなるからです。また、新株予約権の行使条件として「会社の役員や従業員であること」等を定めることにより、役員や従業員が会社から離脱することを防ぐために利用されることもあります。

税理士業務における**留意点**

上場を目指すベンチャー企業においては、資金が少なく十分な報酬が用意できないものの、優秀な人材を確保しておかなければなりません。そこで、このような人材に新株予約権（ストックオプション）を付与し、インセンティブ報酬として使用するケースが多く見受けられます。会社が上場した場合には、高い株価が実現しますので、新株予約権者は大きな経済的メリットを享受することとなり、このモチベーションがベンチャー企業を成長させる原動力となります。

COLUMN

社債制度と令和元年会社法改正

令和元年会社法改正においては、社債に関するルールの改正もなされました。本書では、中堅・中小企業で問題となりやすい会社法の要所を簡潔に解説するという書籍のコンセプトから、社債については独立の章を設けていませんが、ここで、改正会社法の内容も含め、社債について簡単に触れておきたいと思います(注)。

社債は、特に上場会社においては、株式と双璧をなす資金調達のためのツールの一つです。社債は、ごく簡単にいえば、証券に表章される会社に対する債権です。株式が、会社の「持分」であって、会社からすれば元本を返済する必要がないものであるのに対し、社債は、会社の「借金」であり、元本の返済を要することが、大きな差異です。こうした性質に対応し、株式については、持分権者に対する利益の分配である「配当」が、また、社債については借金に対する「利子」が支払われることになります。

このように、社債は会社の借金ではありますが、銀行借入等とは異なり、多くの場合、個人投資家を含む多数の人々が社債の権利者となるという点に特徴があります。そこで、小口になることも多い社債権者の権利を十分に守るための制度として、「社債管理者」の仕組みが設けられてきました(会社法第702条)。しかし、この社債管理者の設置にはかなりのコストを要するため、実務では、社債管理者を設置しないで済む要件(各社債の金額1億円以上かつ投資家が50人未満。(会社法第702条ただし書、会社法施行規則第169条))を満たす形とすることで、社債管理者の設置を免れることが多かったところです。ところが、このように社債管理者が設置されていない社債がデフォルト(債務不履行）となるケースが現れてきたこともあり、社債管理者以外にも、社債権者を守るための仕組みが必要ではないかと考えられるようになりました。そこで令和元年改正会社法により設けられたのが、「社債管理補助者」の制度です（会社法第714条の2）。

社債管理補助者は、社債の債務不履行があった場合における最低限の業務（破産手続等への参加、強制執行等における配当要求、債権の申出）を行う権限を有するほか（会社法第714条の4第1項）、若干の、約定により認められる権限を付与されます（同条第2項、第3項）。社債管理者に比べれば権限が限定された、簡易な制度といえるでしょう。

上記の社債管理補助者制度の導入のほか、今回の改正では、社債権者集会について、実務の需要を踏まえて合理化して、元利の減免の権限を付与し（会社法第706条第1項第1号）、また、一定の場合に社債権者集会の決議を省略することを認めました（会社法第735条の2）。

以上の改正によって、社債が資金調達の仕組みとして合理性を増し、スタートアップ企業をはじめとする中堅・中小企業でも活用が進むことが期待されます。

（注）本コラムは、松井智予「社債管理補助者の設置・社債権者集会」ジュリスト1542号、2020年、54頁を参考として執筆しました。

第6章

事業承継

本章では、税理士業務においても接することの多い事業承継の場面において、会社法がどのように関わってくるかを、より実務に即して概観します。

Q48
事業承継のスキーム

Q 会社の創業者やオーナー社長から、事業を後継者に承継したいという相談や、後継者がいないので第三者に売却したいという相談を受けることがあります。事業承継を行うためには、どのような方法が使えるのでしょうか。

A 事業承継の手法としては、対象会社の株式を譲渡する方法、会社の事業を他の会社に移転する方法、合併を行う方法などが用いられます。後継者に承継する場合には株式譲渡の方法が多く用いられるのに対し、第三者に売却する場合には、当事者の意向をより適切に反映できる手法が選択されます。

会社のオーナー社長が高齢化等により経営から退く場合、会社の事業を誰に承継させるかという点が重要な問題となります。オーナー社長の親族や会社の他の役員・従業員を後継者とし、当該後継者に事業を承継させる場合や、取引先等の第三者に事業を売却する場合などがあります。このような事業承継を行う場合には、どのようなスキームを用いるかを検討する必要があります。

事業承継の手法として最もわかりやすいのは、会社の株式を後継者や第三者に譲渡する方法です。会社の株式を譲り受けた者は、取締役を選任・解任する権利を有することとなりますので、自己または自己の指名する者を社長とし、会社の経営権を掌握することができます。なお、株式譲渡により後継者が会社の経営権を掌握するためには、少なくとも過半数、できれば３分の２以上の株式を保有する必要があります。株式譲渡による事業承継を円滑に実施するためには、少数株主を締め出す（スクイーズアウト）方法（詳細は**Q50**を参照）を用いることが必要となる場合もあります。

次に、会社の事業の全部または一部を第三者に譲渡する方法が考えられます。事業を譲渡するためのスキームとしては、事業譲渡（会社法第467条）による方法と、会社分割（会社法第757条、第762条）による方法があります。事業譲渡と会社分割では、必要な手続等が異なります。会社の事業を譲渡する方法を用いた場合には、第三者に承継させる事業の内容を当事者間の合意によって定めることができます。また、事業承継の対象となった会社自体は存続することとなります。

以上のほか、事業承継の対象である会社が他の会社と合併（会社法第748条）し、その会社の権利義務の全部を他の会社に承継させる方法も考えられます。この場合には、対象会社の権利義務のすべてが第三者に承継されることとなり、対象会社の法人格は消滅することとなります。

税理士業務における**留意点**

中小企業のオーナー社長が高齢化し、後継者不足が大きな問題となっています。一昔前であれば、後継者として親族を指名してオーナー社長が保有する株式を譲渡するケースが多かったのに対し、現在では、親族以外の役員・従業員への承継や、第三者への売却の事例が増えてきています。事業承継の検討に当たっては、まずはどのようなスキームを用いることができるのかについて把握し、当事者の意向に応じて適切なスキームを選択することが重要です。

Q49
事業承継のトラブル

Q　会社の株式を後継者に譲渡する方法で事業承継を行いたいと考えています。事業承継の実行に当たって、注意しておくべきことは何でしょうか。

A　株式譲渡の方法により事業承継を行う場合、オーナーが株式を適法に保有していることが重要であり、この点に注意しておく必要があります。また、株式譲渡による事業承継を実行するために、少数株主のスクイーズアウトが必要な場合には、少数株主から株式買取請求権が行使され、株式の買取価格を裁判所で決定する手続きが必要になる場合がありますので、注意が必要です。

株式譲渡の方法により事業承継を行う場合には、後継者が確実に会社の株式を譲り受けなければならず、そのためには、そもそもオーナーが、株式の譲渡人として適法に株式を保有していることが必須となります。しかし、中小企業においては、過去の株式譲渡が無効であり、実は現オーナーは法律上株式の保有者ではなかった、という事態が発生することがあります。具体的には、会社の定款上は株券発行会社であるにもかかわらず、株券が発行されないまま株式の譲渡がなされ、当該譲渡において株券が交付されなかったケースや、譲渡制限株式であるにもかかわらず、取締役会の承認を得ないまま株式が譲渡されたケースなどが考えられます。事業承継後のトラブルを避けるためには、このような事態が発生しないよう、現オーナーが適法な株主であることを確認しておく必要があります。

また、後継者に会社の株式を集める際に、少数株主のスクイーズアウト（詳細は**Q50**を参照）が必要になる場合があります。しかし、会社がスクイーズアウトの手法をとる場合には、少数株主の権利を守るための制度として、少数株主が会社に対して株式買取請求をすることができることとされています（会社法第182条の４など）。そして、少数株主との間で買取価格について協議が調わない場合、少数株主は、裁判所に対して価格の決定の申立てをすることができます（会社法第182条の５第２項）。このように、少数株主としては、自らが株主でなくなることに対して正当な対価を受けることを主張して裁判所の手続きを利用することができますが、会社としては、価格決定の申立てにより、スクイーズアウトのために想定外の時間および費用を要することとなる可能性があります。そこで、会社としては、少数株主が価格決定の申立てを利用することのないよう、スクイーズアウトに当たって、少数株主に対して十分な対価を用意しておくよう注意する必要があります。

税理士業務における**留意点**

後継者がスムーズに事業を承継して会社を経営していくためには、事業承継をトラブルなく円滑に行うことが必須です。しかし、中小企業では、これまでの株式譲渡が適切に行われていない、少数株主に株式が散逸している等々、事業承継を円滑に実施することが難しいケースも多々あります。事業承継でどのようなトラブルが発生し得るのか、相談を受けた会社ではトラブルを回避できるのか、的確にアドバイスすることが肝要です。

Q50
少数株主への対応

Q　会社の株式を後継者にすべて取得させたいのですが、会社には少数株主がおり、その者らは株式の譲渡に同意してくれず困っています。後継者が会社の株式を100％取得するためにはどのような方法があるでしょうか。

A　少数株主を会社から締め出す、いわゆるスクイーズアウトの手続きを行う方法があります。具体的には、①全部取得条項付種類株式を利用する方法、②株式併合を利用する方法、③株式等売渡請求を行う方法のいずれかによって少数株主をスクイーズアウトすることができます。

中小企業が事業承継を行うに当たっては、散逸した株式を後継者に集約させることが必要となる場合があります。株式を集約するためには、少数株主を強制的に排除するスクイーズアウトの手続きを行うこととなります。スクイーズアウトを行うために会社法上利用できる方法には、①全部取得条項付種類株式の利用（会社法第108条第１項第７号）、②株式併合の利用（会社法第180条）、③株式等売渡請求の利用（会社法第179条）の三つの方法があります。

①の全部取得条項付種類株式とは、株主総会の特別決議により、会社がその株式を全部取得できる株式です。会社は、全部取得条項付種類株式の取得の対価として、その会社の普通株式等を交付します。このとき、少数株主に交付される株式が１株未満の端数となるように対価を設定することにより、少数株主に対しては株式が交付されず現金にて処理されることとなるため、少数株主を会社から締め出すことが可能となります。全部取得条項付種類株式によるスクイーズアウトは、平成26年の会社法改正で②の株式併合がより便利な制度になる以前は、一般的なスクイーズアウトの手法として利用されていました。

②の株式併合とは、数個の株式を合わせてより少数の株式とする手続きです。この手続きでも、少数株主の株式数が端数となるように併合割合を調整することにより、少数株主を会社から締め出すことが可能となります。平成26年の会社法改正により、株式併合を利用するための制度が整ったことから、改正以降は株式併合がスクイーズアウトの有力な手段として利用されています。

以上①および②の手続きは、大株主が会社の議決権の３分の２以上を有している場合に用いることができる手続きです。他方、③の株式等売渡請求は、大株主が９割以上の議決権を有している場合に、より簡易にスクイーズアウトを実行することを可能とする手続きです。９割以上の議決権を保有している株主は特別支配株主と呼ばれ、特別支配株主は、他の全株主に対して、すべての株式を自己に売り渡すよう請求することができます。これにより、特別支配株主に株式を集約し、少数株主を締め出すことができることとなります。

税理士業務における**留意点**

平成26年改正以降は、大株主が議決権の3分の2以上を有している場合には株式併合の手法が、9割以上を有している場合には株式等売渡請求の手法が選択されることが一般的です。株式併合の場合には行為の主体は会社となり、会社が少数株主に対価を交付することとなるのに対し、株式等売渡請求の場合には、特別支配株主自身が主体となって少数株主に対価を交付することとなります。このように、経済的な負担の主体も変わってくるため、そうした観点からも、いずれの方法を選択すべきか検討が必要となります。

Q51 事業承継における種類株式の活用

Q 種類株式を活用することにより、事業承継のやり方をいろいろと工夫することができると聞いたことがあります。事業承継において種類株式をどのように活用することができるのでしょうか。

A 種類株式の内容として、①一定の事項についてその種類株式に係る種類株主総会の決議があることを必要とする旨を定める、②その種類株式に係る種類株主総会において役員を選任することができる旨を定める、③配当では優先されるが議決権がない旨を定める、等の工夫をすることができます。①の種類株式は、一定の重要な事項について現オーナーの影響力を残したい場合等に、②の種類株式は、後継者に役員選任権を付与して後継者の影響力を高めたい場合等に、③の種類株式は、後継者以外の相続人に会社の株式を相続させる必要がある場合等に、それぞれ活用することが考えられます。

種類株式の内容として定めることができる事項は、会社法第108条第1項各号に定められています。この種類株式の内容を工夫することにより、事業承継において現オーナーや後継者の意向を実現することができます。具体的な活用方法の例は以下のとおりです。

前記①の種類株式の内容として、株主総会や取締役会の決議事項のうち一定のものについて、その種類株式についての種類株主総会の決議があることを必要とする旨を定めることができます（同項第8号）。このような種類株式は、その種類株式を保有する者の賛成がないと一定の事項について決議できないという強い効果を有していますので、拒否権付株式、黄金株などと呼ばれています。拒否権付株式1株を現オーナーに付与することにより、後継者に事業を承継した後も、一定の事項について現オーナーの判断が必要になることとなります。このように、拒否権付株式の付与により、事業承継後も会社に対する影響力を一定程度残したいという現オーナーの意向を実現することができます。

前記②の種類株式の内容として、会社の取締役や監査役の全部または一部を選任することができる旨を定めることができます（同項第9号）。この種類株式を付与された場合、その者の一存で会社の役員が決まることとなりますので、会社の経営に対して大きな影響力を有することとなります。後継者に事業承継したものの、承継直後における後継者の影響力に不安がある場合に、役員選任権付の種類株式を後継者に付与し、その影響力を高めていくことが考えられます。なお、この種類株式は、指名委員会等設置会社や公開会社は発行することができませんので、全株式が譲渡制限会社である中小企業で主に利用される種類株式です。

前記③の種類株式の内容として、剰余金の配当を優先して受けられる旨を定めることができます（同項第1号）。また、株主総会で議決権を行使することができない種類株式とすることもできます（同項第３号）。これらの内容を組み合わせて、配当については優先権を得るが、会社に対する影響力は行使できない種類株式を発行することが可能です。現オーナーの相続人が複数存在し、そのうちの一人に事業を承継させたいが、他の相続人には経済的なメリットのみを相続させたいという場合には、この種類株式を発行し、後継者以外の相続人にこれを相続させることが考えられます。

税理士業務における**留意点**

事業承継を行うに当たっては、単に会社の株式を後継者に集約させればよいというものではなく、現オーナーや後継者の意向に応じて、さまざまな工夫が求められます。種類株式は、このような当事者の意向を反映するために有効なツールとして活用することができます。

COLUMN

事業承継と従業員持株会

事業承継では、誰を次の社長とするのか、そして誰に自社株を渡すのかを決めることが主題となりますが、ここでは自社株の譲渡にフォーカスを当て、譲渡先の候補となり得る従業員持株会を紹介したいと思います（なお、ここでは上場を予定していない株式会社の事業承継を前提に考えます）。

⑴　従業員持株会とは

従業員持株会とは、会社の従業員が、当該会社の株式の取得を目的として運営する組織をいいます。民法上の組合（民法第667条）として設立され、参加者全員が組合員となる全員参加方式がとられることが通常です。

従業員持株会を導入することの意義として、多く挙げられるのが以下のようなものです。

⒜　少額の手元資金と奨励金で継続的な株式投資を行うことが可能となり、従業員の財産形成が促進される。

⒝　従業員に当該株式会社の株式を保有させることによる従業員の勤労意欲の向上および経営への参加意識の向上、それに伴う生産性の増進や長期的に会社経営に参画する従業員の育成を期待できる。

さらに、上場を予定していない株式会社の場合には、安定株主の確保につながり、後継者以外の自社株の引受手として期待できるという意義が生じ得ます。この意義については次項で説明します。

⑵　安定株主確保において従業員持株会が果たす機能

事業承継においては、自社株を譲り受ける後継者において、買取資金を十分に準備できない、また相続を受けた場合の相続税の負担に耐えられない、といった問題が生じ、経営者が保有する自社株をすべて後継者に承継することが困難な事態に陥ることがあります。

このような場合は、後継者以外の自社株の引受手を探すこととなりますが、その引受手が後継者の意に沿わない議決権行使をするようでは会社経営の安定性が揺らぎます。そこで、いわゆる安定株主であることが、自社株の引受手の候補を考える際の重要な要素の一つとなります。

この点、従業員持株会の規約において、会員からなされた出資により取得した株式を理事長に信託し、理事長名義とする旨、および、当該株式の議決権は理事長が行使する旨を規定しておけば、その理事長が後継者の味方である限りは、従業員持株会を自社株の引受手の候補の一つとして考えることができることになります（もっとも、このような株式信託契約を無効とした事例もあります（大阪高決昭和58年10月27日高民集36巻3号250頁））。これが、従業員持株会には安定株主の確保につながり、後継者以外の自社株の引受手として期待できるという意義がある、といわれるゆえんです。

⑶ 従業員持株会の設立と運用

① 従業員持株会の設立までの手順

設立までの手順はおおよそ次のとおりとなります。

1　従業員持株会の制度導入に向けた担当者の選出、推進室の設置

2　原案と実施日程の検討

3　従業員持株会の規約や細則案の検討・作成

4　発起人（理事長、理事、監事）の内定

5　取締役会への報告と取締役会の了承

6　従業員への説明会の実施

7　発起人会兼設立総会開催

8　理事長印、従業員持株会印、ゴム印作成

9　株式会社と従業員持株会間の契約書調印

10　給与控除等に関する労使協定の締結

11　入会手続開始

12　給与控除準備、従業員持株会預金口座の開設

13　入会手続締切、入会者名簿作成

14　従業員持株会会員への拠出明細票の提出

15　給与控除開始

②　従業員持株会の運営上の留意点

(a)　株式購入資金の確保

株式購入資金として候補になり得るのは以下の三つです。

(i)　積立金

定時積立方式、臨時積立方式、併用方式がありますが、事業承継の場面では大株主（オーナー）からの譲渡に応じて購入することになるため、一定のまとまった金額が必要であり、臨時積立方式がとられる場合が多いと思われます（この場合に当該株式会社からの貸付等が実施されることもありますが、かかる資金による払込みが仮装払込に当たらないか、といった問題が別途生じ得ますので、留意が必要です）。

(ii)　奨励金

奨励金とは、従業員が行う積立金に対し、積立の都度、または、一定期間経過後の積立金累計額に対して株式会社が与える一定の補助金のことをいいます。

奨励金については株主平等の原則や利益供与禁止の規定に抵

触しないか、という問題があり、奨励金の額を積立額の3～10%程度に抑えている例が多いようです。

(iii) 配当金

理事長を通じて各会員に配分されることになりますが、上場を目的としていない株式会社の従業員持株会については現金にて配分し、株式購入資金には充てないことが多いようです。

(b) 退職時の売渡強制条項

非公開会社については、通常は株式の取引市場が存在しないため、従業員は株式（正確には従業員持株会の持分）を保有したままの退職を望まず、同時に、株式会社としても当該従業員以外の者が株式を保有し続けることを希望しないケースが多いと思います。

そこで、持株会規約の中に、従業員が退職する際にはその保有する株式を株式会社または持株会が強制的に買い取り、かつ、買取価格を一定額（取得価格とする場合が多いようです）とする旨の定めを置く手法がとられる場合があります。

このような定めは従業員による株式譲渡の自由を侵害し、また、キャピタルゲインを得る機会も奪うものであって公序良俗に反するのではないかが問題となりますが、持株会の目的や当該定めの合理性、キャピタルゲインの保証の程度、配当実績等を総合的に考慮した上で、強制売渡条項の有効性を肯定した事例があります（最判平成21年2月17日判時2038号144頁）。

そこで、強制売渡条項を検討する際は、この判例の考慮要素を意識して規定を置き、運営していくことが重要といえます。

(c) 従業員持株会の持株比率

いくら従業員持株会が安定株主として機能し得るといっても、例えば、特別決議事項（会社法第309条第2項）を否認し得るほどの議決権（3分の1超）を保有させることは、後継者による安定経営の可能性を低減させることになりますので避けるべきです。

そのため、従業員持株会の持株比率を上記3分の1未満に抑える、または、従業員持株会が保有する株式を議決権制限株式にする（併せて配当優先株式とするのも選択肢です）といった対策をとることが求められます。

⑷　まとめ

従業員持株会を事業承継に際して活用するときは、メリットだけではなく、上記のような留意点も考慮の上、導入の適否や制度設計を検討していくべきです。

第7章

組織再編・M&A

本章では、組織再編・M&Aに関する会社法のルールを概観します。近時、中堅・中小企業においても、事業承継等に絡んで組織再編・M&Aが行われることが増えており、実務に直接的に役立つ機会が多くなるものと思われます。

Q52
組織再編とは何か

Q　会社法に規定されている、組織再編とはどのような制度でしょうか。

A　会社法上、組織再編に該当する行為として、合併、会社分割、株式交換、株式移転および株式交付の五つが規定されています。組織再編行為の活用により、ある会社の権利義務や株式を他の会社に移転すること、または組織再編によって新たに設立される会社に移転することで、会社の組織構成を編成し直すことが可能となります。

組織再編行為とは、複数の会社の法人格を一つにまとめること、会社の事業の全部または一部を切り出して他の会社に承継させること、複数の会社間で完全親子会社の関係を形成すること等により、会社の組織を再編成する行為のことを意味しています。

会社法上は、「組織再編」という用語が定義されているわけではありません。しかし、組織再編のために利用できる制度として、合併、会社分割、株式交換、株式移転および株式交付という五つの制度が定められています（これらのほか、事業譲渡を組織再編に含める場合もあります）。会社は、組織再編行為によって実現したい結果に応じて、これらの制度から適したものを選択し、その制度において定められた手続きに従って組織再編行為を進めることとなります。

合併、会社分割、株式交換、株式移転および株式交付といった制度を利用せずに組織再編を実現しようとすると、多くのケースでより煩雑な手続きが必要となります。そこで、会社法は、組織再編行為の目的を円滑に達成するため、合併、会社分割、株式交換、株式移転および株式交付といった制度を利用することができるようにしました。これらの制度は、円滑な実施が実現できるように制度設計されている一方で、会社の株主や債権者といった利害関係人が不測の損害を被ることのないよう、利害関係人を保護するための手続きも定められています。

税理士業務における**留意点**

事業承継等の場面で、組織再編行為が利用されるケースが増加しています。クライアントの意向を適切に反映するために、組織再編に当たっていかなる制度を利用することができるのか、正確に理解しておく必要があります。

Q53
合併とは何か

Q　合併とはどのような制度でしょうか。どのような場合に合併を行うのでしょうか。

A　合併とは、二つ以上の会社が合わさって一つの会社になる組織再編行為です。合併により、権利義務を他の会社に承継させる会社の法人格は消滅することとなります。他の会社の権利義務を承継する会社が既存の会社である場合と、新しく設立される会社である場合の二つのパターンがあり、前者を吸収合併、後者を新設合併と呼びます。合併は、複数の会社を法人格ごと一つにまとめたい場合に行われる組織再編行為です。

合併とは、二つ以上の会社がする組織再編行為であって、合併により消滅する会社の権利義務の全部を、合併後に存続または設立する会社に承継させるものをいいます。合併は、当事者となる会社が合併契約を締結して行います（会社法第748条）。合併により他の会社の権利義務の全部を承継する会社が既存の会社（以下「存続会社」といいます）である合併を「吸収合併」といい（会社法第２条第27号）、合併により新しく設立する会社（以下「設立会社」といいます）である合併を「新設合併」といいます（同条第28号）。吸収合併と新設合併のイメージは**図1**と**図2**のとおりです。

図1（吸収合併）

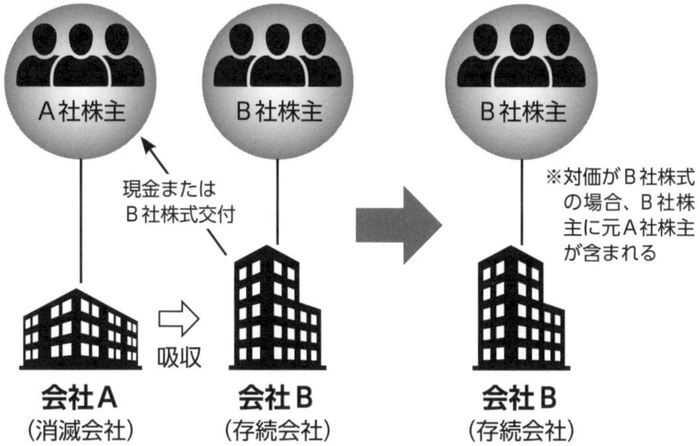

図2（新設合併）

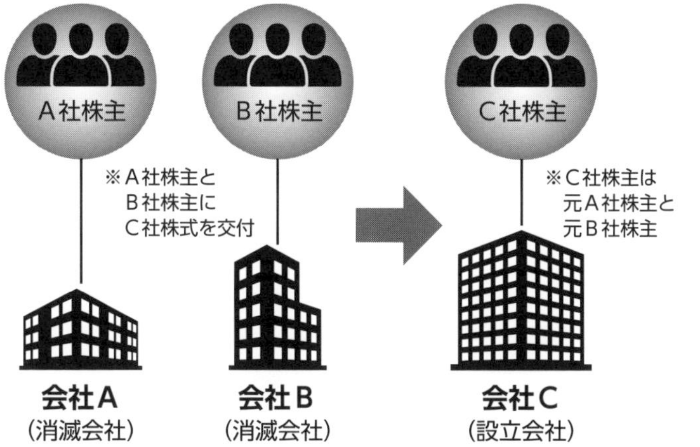

合併は、二つ以上の異なる会社の法人格を統合することとなりますので、組織再編行為の中でも強い統合を目指すものであるといえます。存続会社または設立会社は、消滅会社のすべての債務、契約関係、労務関係等を承継することとなります。したがって、消滅会社に消滅会社自身も認識していなかった債務（例えば、不法行為に基づく損害賠償債務など）が存在していたような場合には、存続会社または設立会社は当該債務を承継することとなります。また、二つ以上の会社に所属していた労働者が一つの会社に統合されることとなりますので、存続会社または設立会社において、労務体制も統合することが必要となります。

合併は、複数の会社の法人格を一つにまとめる組織再編行為ですので、複数の会社で併存していた管理部門を統合することによる会社の管理コストの削減や、法人格の統合による大きなシナジーの発生といった効果を期待することができます。このような効果の発生が見込まれ、法人格を統合するメリットが大きいと判断される場合に、合併という組織再編行為が選択されることとなります。

税理士業務における**留意点**

合併には、上記で挙げたような効果が期待される一方で、異なる会社のルールや労働者が一つにまとめられることとなりますので、企業文化の衝突や労働者間での派閥の発生など、統合によるデメリットも他の組織再編行為と比べて大きなものとなる傾向がありますので、この点には十分留意しておくべきでしょう。

Q54
合併の手続き

Q 合併をするためにはどのような手続きを行わなければならないのでしょうか。

A 会社が合併を行うためには、合併契約を締結し、株主総会の承認を受けなければなりません。また、会社の株主や債権者を保護するために、株式買取請求の手続きや債権者異議手続を履践する必要があります。さらに、株主や債権者に対して合併に関する情報を開示するために、合併の事前および事後において、一定の事項を記載した書面を備置しなければならないこととされています。

合併の当事者となる会社は、合併契約を締結した上で、その合併契約について、合併の効力が発生する日の前日までに株主総会の決議による承認を受けなければなりません（会社法第748条、第783条第１項、第795条第１項、第804条第１項）。合併契約は、会社の統合という重大な効力を生じさせる契約ですので、その承認に係る決議は特別決議によることが必要です（会社法第309条第２項第12号）。

また、合併は、会社の組織を根本的に変更する行為であり、株主や債権者に想定外の不利益を与えるおそれのある行為ですので、株主や債権者を保護するための手続きが法定されています。まず、合併に反対する株主は、会社に対して、自己の有する株式を公正な価格で買い取ることを請求することができることとされています（会社法第785条、第797条、第806条）。合併に反対する株主に対して、会社に投下した資本を回収する機会を与えるための制度です。なお、消滅会社の新株予約権者に対しても、同様の趣旨から、新株予約権買取請求の制度が定められています。

次に、合併の当事者となる会社は、その債権者に対して、債権者異議手続をとることが必要とされています（会社法第789条、第799条、第810条）。具体的には、会社は、合併を行う旨や、債権者異議の申述期間等について官報に公告するとともに、知れている債権者に各別の催告を行う必要があります。会社が定めた債権者異議の申述期間中に債権者から異議が述べられた場合には、会社は、その合併をしても当該債権者を害するおそれがない場合を除き、弁済や担保提供といった行為を行わなければなりません。

これらに加えて、株主や債権者に対し、上記の保護手続を利用するか否か、また、合併の効力が発生した後には合併無効の訴えを提起すべきか否かを判断するための情報を提供する必要があることから、合併の事前および事後における情報開示の制度が定められています。合併の当事者となる会社は、合併の事前および事後において、合併に関する一定の事項が記載された書面を本店に備置する方法により、情報開示を行わなければなりません（事前開示について、会社法第782条、第794条、第803条。事後開示について、会社法第801条、第815条）。

税理士業務における**留意点**

合併をするための手続きは、合併対価の価額が存続会社の純資産額の5分の1以下である場合（簡易合併と呼ばれます）や、合併する一方の会社が他方の会社の議決権の90％以上を有している場合（略式合併と呼ばれます）等において、省略できる場合があります。実際に合併を行う際には、法定の手続きの履践にコストがかかりますので、必要な手続きを可能な限り減らすという観点からスキームを検討することも必要となります。

Q55 会社分割とは何か

Q　会社分割とはどのような制度でしょうか。どのような場合に会社分割を行うのでしょうか。

A　会社分割とは、会社がその事業に関して有している権利義務の全部または一部を、他の会社に承継させる組織再編行為をいいます。会社分割には、権利義務を承継する会社が既存の会社である場合と、新しく設立される会社が権利義務を承継する場合の二つのパターンがあり、前者を吸収分割、後者を新設分割と呼びます。会社分割は、当事者となる会社の法人格の統合を選択しない場合や、会社の権利義務の一部のみを他の会社に承継させる場合に行われる組織再編行為です。

会社分割とは、ある会社がその事業に関して有する権利義務の全部または一部を、他の会社に承継させる組織再編行為をいいます。会社分割には、既存の会社に権利義務を承継させる吸収分割（会社法第２条第29号）と、新しく設立する会社（以下「設立会社」といいます）に権利義務を承継させる新設分割（同条第30号）の二つの形態があります。吸収分割は、吸収分割により権利義務を他の会社に承継させる会社（以下「分割会社」といいます）と、吸収分割により他の会社から権利義務を承継する会社（以下「承継会社」といいます）が、吸収分割契約を締結して行います（会社法第757条）。新設分割は、分割会社が新設分割計画を作成して行います（会社法第762条。なお、二以上の会社が共同して新設分割をする場合は、それらの会社が共同して新設分割計画を作成します）。吸収分割と新設分割のイメージは**図3**と**図4**のとおりです。

図3（吸収分割）

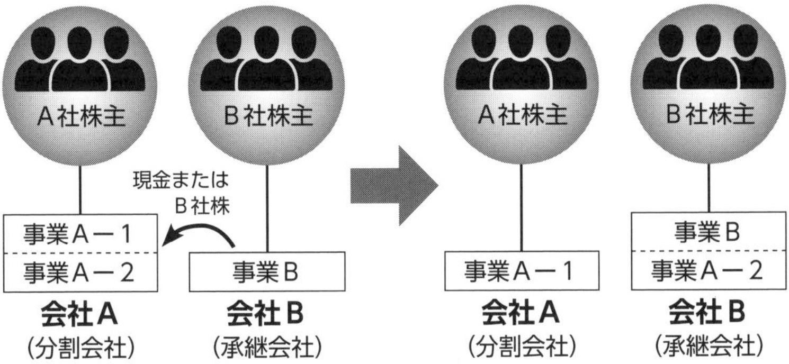

図4（新設分割）

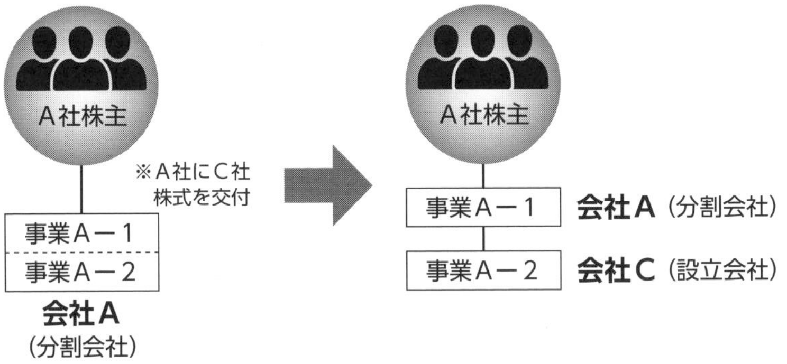

会社分割は、会社の法人格を統合せず、会社の事業の一部のみを承継の対象とすることができます。したがって、会社が複数の事業を営んでいる場合に、その一部を会社に残し、一部の事業のみを他の会社に承継させることによって、不採算事業の切離しや、コア事業への集中といった目的を実現することができます。

会社分割と類似の結果を実現するための手法としては、ほかに事業譲渡という手法が存在します（事業譲渡については、**Q61**を参照）。しかし、事業譲渡の手法による場合、譲渡対象である事業に係る契約関係を移転するためには、それらのすべての相手方から同意を得る必要がありますので、手続きが煩雑になる場合があります。他方で、会社分割の手法による場合には、法定の手続きを履践することにより、契約関係を含めて承継対象事業を包括的に移転することが可能です。

税理士業務における**留意点**

会社の事業の一部を他の会社に移転する場合、会社分割と事業譲渡の二つのスキームが考えられます。事案によって、手続コストはどちらが低いかといった点が異なってきますので、二つのスキームの違いをよく理解し、クライアントに最適なスキームを提案しなければなりません。

Q56
会社分割の手続き

Q 会社分割をするためにはどのような手続きを行わなければならないのでしょうか。

A 会社分割を行うためには、吸収分割契約を締結し（新設分割の場合には、新設分割計画を作成し）、株主総会の承認を得る必要があります。また、会社の株主や債権者を保護するための制度として、株式買取請求の手続きや債権者異議手続が法定されています。さらに、株主や債権者に対して会社分割に関する情報を開示するために、会社分割の事前および事後において、一定の事項を記載した書面を備置しなければならないこととされています。

吸収分割を行うためには、分割会社と承継会社の間で吸収分割契約を締結した上で、吸収分割の効力が発生する日の前日までに株主総会の決議による承認を受けなければなりません（会社法第757条、第783条第１項、第795条第１項）。新設分割の場合には、分割会社が新設分割計画を作成した上で、同様に株主総会の決議による承認を受ける必要があります（会社法第762条、第804条第１項）。吸収分割契約や新設分割計画の承認は、株主総会の特別決議による必要があります（会社法第309条第２項第12号）。

会社分割においても、合併と同様に、株主や債権者を保護するための手続きが法定されています。まず、会社分割の当事者となる会社において、吸収分割契約または新設分割計画の承認に反対する株主は、会社に対して、自己の有する株式を公正な価格で買い取ることを請求することができることとされています（会社法第785条、第797条、第806条）。分割会社の新株予約権者に対しても、同様の制度が定められています。

次に、会社分割の当事者となる会社は、その債権者に対して、債権者異議手続をとることが必要とされています（会社法第789条、第799条、第810条）。分割会社の債権者にとっては、その債権者に対する債務を会社分割により承継する会社の財務状況が悪い場合などに債権回収リスクが高まることとなり、承継会社の債権者にとっては、不採算事業を不相当な対価で承継すること等により承継会社の財務状況が悪化する可能性があるからです。債権者異議手続において具体的に必要となる手続きは、合併の場合と同様です。なお、分割会社において債権者異議手続の対象となる債権者は、原則として、分割後に分割会社に対して債務の履行を請求することができない（すなわち、承継会社または設立会社に対してのみ債務の履行を請求することができる）債権者に限定されています（会社法第789条第１項第２号、第810条第１項第２号）。

会社分割に関する一定の事項が記載された書面を本店に備置する方法による事前開示および事後開示の制度が定められている点も、合併の場合と同様です（事前開示について、会社法第782条、第794条、第803条。事後開示について、会社法第791条、第801条、第811条、第815条）。

以上に加えて、会社分割の場合には、労働契約を承継対象に含めることにより、個別の労働者の同意を得ずに、労働者を他の会社に移転させることが可能となります。そこで、労働者の地位を保護することを目的として、「会社分割に伴う労働契約の承継等に関する法律」が定められています。同法に基づき、一定の条件を満たす労働者について異議申立権を認める等の手続きが必要となります。

税理士業務における**留意点**

会社分割をするための手続きも、会社分割の対価や承継対象の資産の額が一定規模以下の場合（簡易分割と呼ばれます）や、吸収分割において一方の会社が他方の会社の議決権の90％以上を有している場合（略式分割と呼ばれます）等において、省略できる場合があります。クライアントにとって最もメリットとなるスキームを検討することが肝要です。

Q57

株式交換・株式移転とは何か

Q　株式交換・株式移転とはどのような制度でしょうか。どのような場合に株式交換・株式移転を行うのでしょうか。

A　株式交換とは、会社がその発行済株式の全部を他の会社に取得させる組織再編行為で、株式移転とは、会社がその発行済株式の全部を新たに設立する会社に取得させる組織再編行為です。株式交換は、既存の会社の間で完全親子会社の関係を形成する場合に行われ、株式移転は、完全親会社となる会社を新たに設立して既存の会社と完全親子会社の関係を形成する場合に行われます。既存の会社を完全子会社化したいけれどもその会社には多数の株主が存在し、すべての株主から株式を譲り受けることが現実的ではない場合などに、これらの組織再編行為が選択されます。

株式交換とは、会社がその発行済株式の全部を他の会社に取得させる組織再編行為をいいます（会社法第２条第31号）。株式交換後に完全親会社になる会社（以下「株式交換完全親会社」といいます）と完全子会社になる会社（以下「株式交換完全子会社」といいます）のどちらも既存の会社であり、これらの会社の間で株式交換契約を締結して行います（会社法第767条）。株式交換完全子会社の既存の株主に対しては、株式交換の対価として、現金や株式交換完全親会社の株式などが交付されます。株式交換完全親会社の株式が対価として交付された場合には、株式交換完全子会社の既存の株主は、効力発生日以降、株式交換完全親会社の株主になります。株式交換のイメージは**図５**のとおりです。

次に、株式移転とは、一または二以上の会社がその発行済株式の全部を新たに設立する会社に取得させる組織再編行為をいいます（会社法第２条第32号）。株式移転後に完全子会社になる会社（以下「株式移転完全子会社」といいます）は既存の会社ですが、完全親会社になる会社（以下「株式移転設立完全親会社」といいます）は新しく設立されることとなります。株式移転は、株式移転完全子会社が株式移転計画を作成して行います（会社法第772条。なお、二以上の会社が共同して株式移転をする場合は、それらの会社が共同して株式移転計画を作成します）。株式移転完全子会社の既存の株主に対しては、株式移転の対価として株式移転設立完全親会社の株式が交付されますので、株式移転後は、株式移転設立完全親会社の株主になります。株式移転のイメージは**図６**のとおりです。

株式交換や株式移転は、複数の会社で完全親子会社の関係を形成することで、経営を統合するための組織再編スキームです。会社の法人格は従前のまま維持されますので、合併に比べると緩やかな統合であるといえます。既存の会社を完全子会社化する方法としては、その会社のすべての株主から株式を譲り受ける方法も考えられますが、その会社に多数の株主が存在する場合、交渉や株式譲渡契約の締結に要するコストが過大になることが見込まれ、株式譲受の方法が現実的とはいえないケースがあり得ます。そこで、個々の株主との間で株式譲渡契約を締結することを要さずに完全子会社化を実現するための方法として、株式交換や株式移転が利用されることとなります。

図5（株式交換）

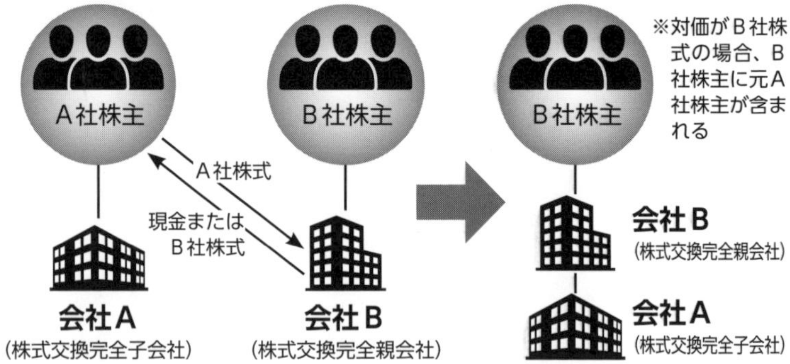

図6（株式移転）

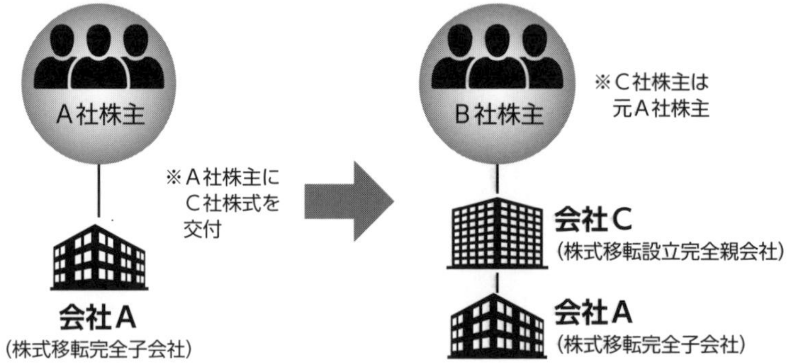

税理士業務における**留意点**

株式交換や株式移転は、既存の会社の法人格を維持したまま経営統合するための組織再編行為です。最終的には合併により法人格の統合を目指していたとしても、まずは完全親子会社関係を形成して段階的な統合を目指すことにメリットがあるケースもあり、そのような場合にも用いることができる組織再編行為であることを留意しておくとよいでしょう。

Q58
株式交換・株式移転の手続き

Q　株式交換や株式移転をするためにはどのような手続きを行わなければならないのでしょうか。

A　株式交換においては株式交換契約について、株式移転においては株式移転計画について、それぞれ株主総会の承認を得る必要があります。株式買取請求の制度が法定されている点、一定の事項を記載した書面の備置による事前開示・事後開示をしなければならない点は、合併や会社分割の場合と同様です。他方、債権者異議手続については、一定の条件を満たす例外的な場合を除き、この手続きの履践は不要とされています。

株式交換を行うためには、株式交換完全親会社と株式交換完全子会社の間で株式交換契約を締結した上で、株式交換の効力が発生する日の前日までに株主総会の決議による承認を受ける必要があります（会社法第767条、第783条第１項、第795条第１項）。株式移転の場合も同様に、株式移転完全子会社が株式移転計画を作成した上で株主総会の決議による承認を受けなければなりません（会社法第772条、第804条第１項)。これらの株主総会決議は、特別決議による必要があります（会社法第309条第２項第12号)。

株式交換と株式移転の手続きにおいても、株式買取請求の制度が認められており、原則として、株式交換完全親会社、株式交換完全子会社、株式移転完全子会社のすべての株主について、株式交換契約または株式移転計画の承認に反対する場合には株式買取請求権を行使することが認められています（会社法第785条、第797条、第806条)。株式交換完全子会社と株式移転完全子会社の新株予約権者についても同様です。

株式買取請求については合併や会社分割と同様の制度が定められているのに対して、債権者異議手続については、株式交換や株式移転の場合にこれが必要とされる場面は限定的です。なぜなら、株式交換や株式移転の場合、会社の株主が変わるだけであり、会社の法人格や事業内容に変更があるわけではなく、これらの組織再編行為によって影響を受ける債権者の範囲も限定されているからです。したがって、完全子会社となる会社の新株予約権付社債の新株予約権について完全親会社となる会社の新株予約権が割り当てられる場合や、株式交換完全親会社の株式以外の財産を株式交換完全子会社の株主に交付する場合など、一定の条件を満たす限られた場合にのみ、債権者異議手続が必要とされています（詳細は、会社法第789条第１項第３号、第799条第１項第３号、第810条第１項第３号を参照)。債権者異議手続が必要な場合の具体的な手続きは、合併や会社分割の場合と同様です。

株式交換や株式移転に関する一定の事項について事前開示および事後開示の制度が定められている点は、合併および会社分割の場合と同様です（事前開示について、会社法第782条、第794条、第803条。事後開示について、第791条、第801条、第811条、第815条)。

税理士業務における**留意点**

中小企業においては、存在する株主は少数であり、株式譲渡の方法で完全子会社化を実現できる場合が多いでしょう。しかし、多数の株主に株式が散逸してしまっているケースもありますので、そのような場合には、株式交換や株式移転の方法を検討することになります。その他、スクイーズアウト（詳細は**Q50**参照）による完全子会社化も可能ですので、複数のスキームを比較検討し、最適なものをクライアントに提案する必要があります。

Q59

株式交付とは何か

Q　令和元年会社法改正によって導入された、株式交付とはどのような制度でしょうか。どのような場合に株式交付を行うのでしょうか。

A　株式交付とは、株式を対価として、他の株式会社を子会社化する組織再編行為をいいます。今まで親子会社関係のなかった会社との間に親子会社関係を新たに創設したい場合で、当該会社を完全子会社とすることまでは企図していないときに利用されます。

株式交付とは、他の株式会社を子会社とするために、株式会社が、当該他の株式会社の株式を譲り受け、当該株式の譲渡人に対して、当該株式会社の株式を交付する組織再編行為をいいます（会社法第２条第32号の２、第774条の２～第774条の11）。イメージは214頁の**図７**のとおりです。

株式を対価として他の株式会社を買収する方法は、金銭を対価とする場合とは異なり、対象会社の株主は、買収後の買収会社の株式を保有することになるので、買収によるシナジーを含め、買収後の買収会社および対象会社の成長や業績向上からもたらされる利益を享受できるというメリットがあります。

従前より、株式を対価として他の株式会社を買収する方法として、①株式交換（会社法第２条第31号、第767条〜第771条）があります（**Q57**参照）。しかし、株式交換の場合、発行済株式の全部を取得し、対象会社を完全子会社化しなければなりません。また、株式交換以外の方法として、②買収会社が、対象会社の株式を現物出資財産として会社法第199条第１項の募集をするという方法もありますが、検査役の調査が原則必要とされ（会社法第207条）、その手続きに一定の時間と費用がかかることや、取締役等が財産価額塡補責任を負う可能性があること（会社法第212条、第213条）といったデメリットがあるため、ほとんど利用されていませんでした。

令和元年会社法改正によって導入された株式交付の仕組みは、これらの方法に代わり、より円滑に株式を対価とする組織再編を可能とするものです(注1)。株式交付制度は、株式交付の実施の可否が事前に客観的かつ形式的な基準によって判断することができるような建付けとなっています(注2)。

まず、外国会社は株式交付子会社に含まれません。会社法上の株式会社と同種の外国会社であるか否かを、客観的かつ形式的な基準により判断することは容易でないからです(注3)。

また、会社法上の子会社には、形式的な議決権数で判断できるものと、実質的な判断を要するものとがありますが、株式交付を行うことができるのは、株式交付子会社を、議決権数により形式的に判定できる、会社法施行規則第３条第３項第１号に掲げる場合に該当する子会社にしようとする場合に限られます（つまり、株式交付の結果として、株式交付親会社は、株式交付子会社の議決権の総数の50％を超えて議決権を有しなければならないことを意味します。会社法第２条第32号の２および会社法施行規則第４条の２を参照）[注4]。これは、会社法施行規則第３条第３項第２号または第３号に掲げる場合に該当する子会社であるか否かを判断するためには、必ずしも株式交付の実施前には存否を確認することができない事情を考慮したり、実質的な判断をしたりすることが必要となるためです[注5]。

税理士業務における**留意点**

株式交付は、金銭を対価とする場合に比べて、資金調達の負担が軽減されるというメリットがあります。また、詳しい手続きについては**Q60**で述べますが、株式交付も、合併などの場合と同様に、株式交付親会社が対価として交付する財産の額が株式交付親会社の純資産額の5分の1以下である場合には、株主総会特別決議による承認は不要となります（簡易手続）。スキームを検討するに当たっては、手続上のコストを軽減するという視点が重要です。

（注１）法務省民事局参事官室「会社法制（企業統治等関係）の見直しに関する中間試案の補足説明」平成30年２月、56頁参照。

（注２）前掲注１、57頁参照。

（注３）法務省法制審議会会社法制（企業統治等関係）部会「部会資料27　会社法制（企業統治等関係）の見直しに関する要綱案（仮案⑵）」18頁、同部会「第18回会議　議事録」２頁参照。

（注４）法務省法制審議会会社法制（企業統治等関係）部会「会社法制（企業統治等関係）の見直しに関する要綱案」平成31年１月、17頁参照。

（注５）前掲注１、57頁参照。

図7（株式交付）

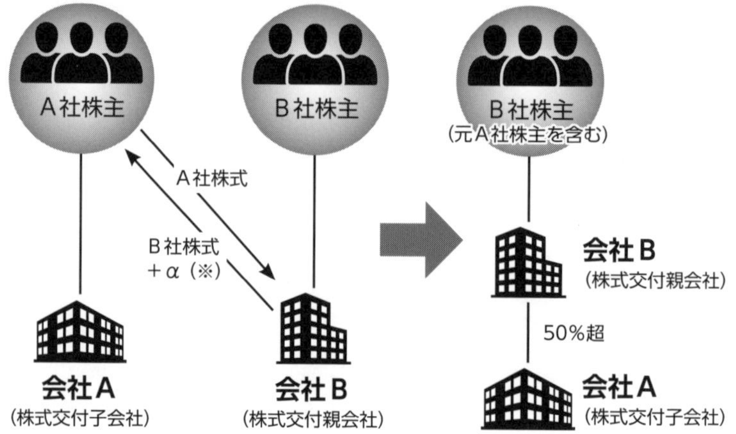

（※）株式交付親会社からの対価は、一部に株式交付親会社の株式が含まれていればよく、現金等他の種類の財産と組み合わせて交付することが可能です（会社法第774条の3第1項第5号）。

Q60
株式交付の手続き

Q 株式交付をするためにはどのような手続きを行わなければならないのでしょうか。

A 株式交付親会社において、株式交付計画を作成し、株主総会特別決議による承認を得る必要があります。また、会社の株主や債権者の保護を図る制度として、反対株主の株式買取請求の手続きや債権者異議手続が法定されています。さらに、株主や債権者に対して株式交付に関する情報を開示するために、株式交付の事前および事後において、一定の事項を記載した書面を備置しなければならないこととされています。

また、株式交付親会社と株式交付子会社の株主との間での、一定事項の通知等のやり取りも必要となります。

株式交付親会社は、株式交付をする場合、株式交付計画を作成しなければなりません（会社法第774条の2）。株式交付計画には、株式交付子会社の商号や、株式交付親会社が譲り受ける株式交付子会社の株式の数の下限、株式交付親会社が対価として交付する株式交付親会社の株式の数、株式交付の効力発生日など、法定の事項を定める必要があります（会社法第774条の３）。

株式交付親会社は、原則として、効力発生日の前日までに、株主総会の承認を受ける必要があります（会社法第816条の３第１項）。株式交付はステークホルダーに大きな影響を与えるものですので、この承認に係る決議は特別決議によることとされています（会社法第309条第２項第12号）。

株式交付親会社の株主を保護するために、株式交付に反対する株主は、株式交付親会社に対し、自己の有する株式を公正な価格で買い取ることを請求することができます（会社法第816条の６）。また、株式交付が法令または定款に違反する場合において、株式交付親会社が不利益を受けるおそれがあるときは、株主は、株式交付をやめることの請求をすることができると定められています（会社法第816条の５）。株式交付親会社の債権者を保護する手段として、株式交付親会社の債権者は、株式交付親会社の株式のみならず、それ以外の財産も対価に含まれる場合に、株式交付親会社に対し、株式交付について異議を述べることができます（会社法第816条の８）。さらに、株主や債権者に対し、上記の保護手続を利用するか否か、また、株式交付無効の訴え（会社法第828条第１項第13号、同条第２項第13号、第834条第12号の２）を提起すべきか否かを判断するための情報を提供する必要があることから、株式交付親会社は、株式交付の事前および事後において、一定の事項が記載された書面を本店に備え置かなければなりません（事前開示について、会社法第816条の２。事後開示について、会社法第816条の10）。これらの規定は、株式交付が、部分的な株式交換ともいうべき性質を有していると考えられることを基礎として（注）、株式交換その他の組織再編行為に関する規定に倣って定められたものと考えられます。

株式交付親会社は、株式交付子会社の株主との間の個別の合意に基づき株式交付子会社の株式を取得します。手続きの概要は以下のとおりです。

まず、株式交付親会社は、株式交付子会社の株式の譲渡しの申込みをしようとする者に対し、株主交付計画の内容等を通知する必要があります（会社法第774条の４第１項）。株式交付子会社の株式の譲渡しの申込みをしようとする者は、譲り渡そうとする株式の数等を書面または電磁的方法により株式交付親会社に伝え、申込みをします（同条第２項、第３項）。株式交付親会社は、株式交付子会社の株式の譲渡人および譲り受ける株式数を決定し、申込者に通知します（会社法第774条の５第１項、第２項）。そして、効力発生日に、株式交付子会社の株式の譲渡しが行われます（会社法第774条の７）。

税理士業務における**留意点**

本書脱稿直前に公表された令和３年度与党税制改正大綱によれば、株式交付に伴って株主に生ずる旧株と新株の交換取引について、課税繰延措置が設けられる見込みです。詳細は、令和３年度税制改正法案に注目すべきことになります。

（注）法務省民事局参事官室「会社法制（企業統治等関係）の見直しに関する中間試案の補足説明」平成30年２月、57頁参照。

Q61
事業譲渡とは何か

Q 事業譲渡とはどのような制度でしょうか。事業譲渡をするためにはどのような手続きを行わなければならないのでしょうか。

A 事業譲渡とは、会社がその事業を他の会社に譲渡する行為をいいます。事業譲渡において譲渡の対象となるのは「事業」ですが、その事業を構成する資産や契約上の地位を移転するための手続きは、これらを個別に譲渡する場合と異なりません。したがって、契約上の地位や債務を移転する場合には、当該契約の相手方や債権者の同意が必要となります。個々の同意を要しない包括的な移転を可能とする会社分割とは、この点で異なります。

事業譲渡とは、会社がその事業を取引行為によって他の会社に譲渡することをいい、譲渡会社と譲受会社が事業譲渡契約を締結することによって行います。事業譲渡は、原則として、取締役会の決議によって行うことができますが、事業の全部または重要な一部を譲渡する場合や他の会社の事業の全部を譲り受ける場合には、その行為に係る事業譲渡契約について株主総会の特別決議による承認を受ける必要があります（会

社法第467条第１項第１号、第２号、第３号、第309条第２項第11号)。

事業譲渡は、会社の事業を他の会社に移転するための行為であり、その効果は会社分割と類似します。しかし、会社分割の場合、対象となった事業に係る権利義務が包括的に承継されるのに対して、事業譲渡の場合には、譲渡対象の事業に係る権利義務が個別に承継されることとなります。したがって、取引契約や労働契約などにおける契約上の地位や債務を移転するためには、その取引の相手方や債権者の個別の同意が必要となります。

このように、事業譲渡において契約上の地位や債務を他の会社に移転するためには、相手方の個別の同意が必要となり、同意しない相手方に係る契約上の地位や債務は元の会社に残存することとなります。したがって、事業譲渡においてこれらの相手方を特に保護する制度は必要ありませんので、債権者保護手続や労働者保護の手続きは法定されていません(ただし、詐害的な事業譲渡については債権者を保護するため、民法上の詐害行為取消権に準じた制度が定められています。会社法第23条の２)。他方、事業譲渡によって株主の利益が毀損される可能性は否定できませんので、投下資本を回収する機会を与えるため、反対株主について株式買取請求の制度が定められています(会社法第469条)。

税理士業務における**留意点**

事業譲渡と会社分割は、類似の効果を発生させる行為です。しかし、契約の相手方の個別同意の要否や債権者異議手続の要否といった点で、必要となる手続きが異なります。承継対象となる事業に係る債権者や取引相手の多寡によっていずれの手続きにメリットがあるかは変わってきますので、具体的な事案に即したスキームの検討が不可欠です。

COLUMN

組織再編税制と会社法

本章で見てきたとおり、会社法は、合併・株式交換などの組織再編行為について類型ごとに定めを置いています。一方で、法人税法にも、組織再編に関して、組織再編税制と呼ばれるルールが存在します。そこで、以下では、会社法と組織再編税制の関係について説明します。

本章で解説されているように、会社法は、合併、会社分割、株式交換、株式移転等、組織再編行為の類型ごとに、必要な手続等について定めています。他方、法人税法は、第2編第1章第1節第6款「組織再編成に係る所得の金額の計算」の規定群（第62条から第62条の9）を中心に、組織再編税制と呼ばれるルールの体系を有しています。組織再編税制は、会社法の定める組織再編行為を中心とした組織法上の行為（会社法の定める組織再編行為以外のものとしては、現物出資などが含まれます）について、一定の要件を設けた上で、課税繰延を認め、また、繰越欠損金の承継等の租税属性の引継ぎに関する定めを置くものです。

ところで、法人税法は、「合併」「株式交換」等についての定義規定は置いていません。これは、法人税法でいう「合併」「株式交換」等については、会社法の定める内容を、法人税法もそのまま前提とする、ということです。これを一般に、租税法令が会社法から概念を借りてくるということで、「借用概念」と呼んでいます。その意味で、組織再編税制を理解するためには、会社法における組織再編行為に関するルールの概要は、少なくとも理解しておく必要があります。

最近は、例えば事業承継に関連して、大企業に限らず中堅・中小企業においても、組織再編・M&Aを行うケースがあると思われます。その際、税理士は、組織再編税制に関するアドバイスを求められることがあるでしょう。組織再編税制は、会社法の規定を前提としているため、組織再編税制を理解するためには、本章で解説した会社法の定める合併、株式交換等の概念の基本的な枠組みについて押さえておく必要があります。

なお、令和元年会社法改正で導入された株式交付の制度についても、課税繰延措置が新設される見込みです（**Q60**参照）。このように、会社法の改正が税制改正を伴うことからも、組織再編の分野では、会社法と税制、ひいては税理士業務との関係がとりわけ深いものであることがわかります。

第8章

解散・清算

本章では、「会社の一生」の最後の場面に当たる、解散・清算に関するルールを概観します。

Q62
解散・清算の意義および概要

Q 会社の解散・清算とは、どのような手続きでしょうか。

A 解散とは、会社の法人格の消滅をもたらす原因となる事実をいい、会社が解散をした場合、会社法の規定に従って、債権の取立ておよび債務の弁済、残余財産の分配など、法律関係の処理に関する手続きを行います（清算の手続き）。清算中の会社は、清算の目的の範囲内において権利能力を有し、清算の結了によって法人格が消滅します。

株式会社は、定款で定めた存続期間の満了、定款で定めた解散の事由の発生、株主総会の決議、合併（当該会社が合併により消滅する場合に限ります）、破産手続の開始の決定、裁判所による解散命令（会社法第824条第１項）および解散の訴え（会社法第833条第１項）に基づく解散判決によって解散します（会社法第471条各号）。

株式会社が解散した場合、合併または破産の場合を除き、清算の手続きが行われます（会社法第475条第１号）。会社法上、清算の手続きとして通常清算のほか、清算の遂行に著しい支障を来すべき事情があるときまたは債務超過（当該株式会社の財産がその債務を完済するのに足りない状態）の疑いがあるときに行われる特別清算（会社法第510条）の手続きが定められています。特別清算は、実質的に倒産手続の一種と考えられています。清算をする株式会社は、清算株式会社といい、清算の目的の範囲内において、清算が結了するまではなお存続します（会社法第476条）。清算の手続きは、現在の取引関係を終了させ、債権の取立ておよび債務の弁済を行った上で、株主に対して残余財産の分配をする手続きといえます。

清算手続においては、株主に対する分配よりも会社の債権者に対する弁済が優先されます。ただし、会社債権者であっても、官報において公告された債権申出期間（会社法第499条第１項）内に債権の申出をしなかった者（会社に知られている債権者を除きます）は、清算から除斥され、分配がされていない残余財産に対してのみ、弁済を請求することができることとなり、すでに一部の株主に対して残余財産の分配が行われている場合には、当該株主の受けた分配と同一の割合の分配を当該株主以外の株主に対してするために必要な財産を控除した残余財産に対してのみ、弁済を請求することとなります。

税理士業務における**留意点**

解散・清算の典型例は、株主総会で解散決議を行い、従前の取締役が清算人に就任して清算手続に従事する、というものです（清算人の職務については、**Q63**を参照）。会社の設立が、人の「誕生」に当たるとすれば、清算の結了は「死亡」に当たります。基本的な手続きの流れを理解しておきましょう。

Q63
清算人の職務

Q　清算人の職務について教えてください。

A　清算株式会社の財産の現況を調査し、現務の結了、債権の取立ておよび債務の弁済ならびに残余財産の分配を行い、決算報告の作成・承認を経て、清算結了の登記を行います。清算結了後は、帳簿資料の保存をしなければなりません。

清算人とは、清算株式会社の業務の執行を行う者をいいます。清算の開始前に株式会社の取締役であった者は、定款の規定または株主総会決議によって選任された清算人がない限り、清算会社の清算人となり（会社法第478条第１項）、清算手続を遂行することとなります。同規定により取締役が清算会社の清算人となる場合は、代表取締役と定められていた者が代表清算人となります（会社法第483条第４項）。

清算人（清算人会設置会社では、代表清算人等業務執行をする清算人）は、就任後遅滞なく清算株式会社の財産の現況を調査し、清算株式会社となった日における財産目録および貸借対照表を作成し、株主総会の承認を受けなければなりません（会社法第492条第１項、第３項）。そして、清算人は、現在会社が行っている取引関係を終了させ（会社法第481条第１号にいう現務の結了）、債権の取立ておよび債務の弁済（同条第２号）、株主に対する残余財産の分配（同条第３号、会社法第504条第３項）を行うこととなります。

清算事務が終了したときは、遅滞なく決算報告書を作成し（会社法第507条第１項）、清算人会設置会社においては清算人会の承認を受けた上で（同条第２項）、清算人が株主総会にこれを提出し、その承認を受けなければなりません（同条第３項）。

清算株式会社は、決算報告を承認する上記株主総会の日から２週間以内に清算結了の登記をしなければなりません（会社法第929条第１号）。

そして、清算人（清算人会設置会社では、代表清算人等業務執行をする清算人）は、清算結了の登記の時から10年間、清算株式会社の帳簿ならびにその事業および清算に関する重要な資料を保存しなければなりません。ただし、清算人その他の利害関係人の申立てにより、裁判所において清算人に代わって帳簿資料を保存する者を選任することができます（会社法第508条第２項）。

税理士業務における**留意点**

清算人には、多くの場合、従前の取締役が就任します。税理士は、清算人から依頼されて、納税申告の業務を担当することもあるかと思われます。**Q62**で説明した清算手続の概要と併せ、清算人の職務の概要を理解しておきましょう。

終章

税務コンプライアンスと会社法

本章では、近時、国税当局によっても強調されている「税務コンプライアンス」と会社法との関係について概観します。

Q64

取締役の善管注意義務と税務コンプライアンスの関係

Q　取締役の善管注意義務と税務コンプライアンスの関係は、どのようなものでしょうか。

A　取締役は、善管注意義務の適切な履行として、株式会社の業務執行に当たって、すべての法令を遵守しつつ、株主利益の最大化を図らなければなりませんので、納税者が納税義務を自発的かつ適正に履行することを求める税務コンプライアンスは、租税法令の遵守という観点から善管注意義務の一部を構成するという関係にあります。

取締役は、株式会社との委任関係に基づき、善良な管理者の注意をもって株式会社のために業務を行わなければならないという善管注意義務を負っています（会社法第330条、民法第644条）。この点、株式会社は営利を目的とする法人ですので、取締役は、株式会社の利益が剰余金の配当などを通じて最終的に帰属する株主の利益を最大化させることを目的に業務を遂行しなければなりません。

一方で、取締役は、法令を遵守して株式会社の職務を行わなければならないという法令等遵守義務（会社法第355条）も負っています。ここでいう「法令」は、取締役を名宛人とするものに限らず、株式会社を名宛人とし、株式会社がその業務を行うに際して遵守すべきすべての規定が含まれますので（最判平成12年７月７日民集54巻６号1767頁）、株式会社が納税義務者となる法人税法や消費税法などの租税法令も取締役の法令等遵守義務の対象となります。法令等遵守義務は、社会全体の利益を保護する見地から定められた強行法規的なものであって、株主利益の追求に優先されるため、株主の利益に資する行為であったとしても法令違反は許されません。

そのため、取締役は、善管注意義務の適切な履行として、株式会社の業務執行に当たって、租税法令を含むすべての法令を遵守しつつ、株主利益の最大化を図らなければならず、法令に反する行為によって会社に損害を与えた場合には、善管注意義務違反を理由にその賠償責任を負います。

取締役の行為が、税務コンプライアンスに反して会社に損害を与え得る場面として、課税額の減少を目的とするタックスプランニングの実行など、取締役が業務上の意思決定を行う場合が考えられます。

また、取締役の不作為によって税務コンプライアンスに反する行為を看過して善管注意義務違反を惹起してしまう場合として、税務処理を誤った従業員などに対する監督を怠ったことによる監視義務違反があります。このほかにも、一定の規模以上の株式会社では、取締役が株式会社の業務全部を自ら監視することは不可能となりますので、取締役および使用人の職務の執行が租税法令を含む法令に適合することを確保するための体制その他株式会社の業務の適正を確保するために必要な体制（内部統制システム）を整備する必要がありますので（会社法第348条第３項第４号、第362条第４項第６号、会社法施行規則第98条、第100条）、取締役は、善管注意義務の適切な履行のために、税務コンプライアンスの観点も踏まえた内部統制システムを整備しなくてはなりません。

税理士業務における**留意点**

実務において、税務上の取扱いが明確ではない取引を実行するに際して、想定と異なる課税関係が生じたときに株式会社に対して善管注意義務違反を問われないかという観点から、取締役が税務処理に関する助言を求めることがよくあります。このような場合に、取締役が株式会社に対していかなる義務を負っており、いかなる意思決定過程を経ることが求められているのかということに意を払った助言を行うことによって、より一層依頼者のニーズに応えることになるのみならず、税理士としての説明・助言義務の適切な履行にも資することになると思われます。

Q65 税務に関するコーポレートガバナンスとは何か

Q 国税庁は、平成23年7月から、大企業の税務コンプライアンスの維持・向上を目的として、税務に関するコーポレートガバナンスを充実させることに向けた取組みを推進していますが、具体的にはどのような取組みなのでしょうか。

A 国税庁は、トップマネジメントの積極的な関与・指導の下、大企業が自ら税務に関するコーポレートガバナンス（以下「税務CG」といいます）を充実させていくことが重要かつ効果的であるとの認識に基づき、大企業の税務CGの状況に応じた調査必要度の高低を判断し、メリハリある税務調査を行うことを通じて、大企業自らがその充実を図ることを促進する取組みを行っています。

国税庁は、納税者が納税義務を自発的かつ適正に履行することを税務コンプライアンスと定義しています。その上で、国税庁は、大企業の税務コンプライアンスの維持・向上には、トップマネジメントの積極的な関与・指導の下、大企業が自ら税務CG、すなわち、税務についてトップマネジメントが自ら適正申告の確保に積極的に関与し、必要な内部統制を充実させていくことが重要かつ効果的であるとの認識に基づき、平成23年7月から大企業を対象にした税務CGの充実に向けた取組み（以下「本取組み」といいます）を実施しています。

ここでいう「大企業」とは、国税局調査（査察）部の特別国税調査官が所掌する資本金がおおむね40億円以上の会社をいい、全国で約500社が対象とされています。国税庁の本取組みが大企業を対象としている理由は、企業グループ全体や下請けの中小企業等に与える影響が大きいことなど、わが国全体の税務コンプライアンスの維持・向上の観点から、大企業の税務コンプライアンスの維持・向上が重要であることや、大企業では、会社法や金融商品取引法などの法令に基づき、すでに一定水準以上の内部統制が構築されていること等が挙げられます。

本取組みの概要は、国税局による大企業の税務調査の機会において、当該企業の税務CGの確認・判定を行い、それに基づきトップマネジメントとの面談を経ることによって当該企業の次回以降の調査必要度の判断を行うという流れになります。国税局は、調査必要度の判断の結果、税務CGの状況が良好、すなわち調査必要度が低い大企業に対しては、次回調査までの調査間隔の延長や調査期間の短縮を行う一方で、調査必要度が高いと判断した企業に対しては調査資源を重点的に割り当て、深度ある税務調査を行うなど、本取組みを通じてメリハリのある税務行政を行うものとしています。

税理士業務における**留意点**

本取組みは大企業に限定されているため、顧問先や関与先が本取組みの対象となることは多くはないかもしれません。しかしながら、大企業やそのグループ会社と取引関係にある中小企業は、取引の相手方として大企業の税務コンプライアンスに反する行為に関与してしまう可能性があり、仮にそのような事態が生じれば取引関係に大きな影響を及ぼすことが想定されます。したがって、大企業の税務CGを分析・検証することは、中小企業のみならず、その顧問税理士にとっても、大企業との取引の在り方を検討する上で重要になるといえます。

Q66
内部統制システムと税務に関するコーポレートガバナンスの関係

Q 税務コンプライアンスの維持・向上のためには、税務CGの充実が重要になるということですが、会社法上の内部統制システムと税務CGの関係は、どのようなものでしょうか。

A 税務CGは、納税者が納税義務を自発的かつ適正に履行すること（税務コンプライアンス）の維持・向上のために必要な内部統制システムを構築することをいいますので、税務CGの充実を図ることによって、取締役の善管注意義務を構成する内部統制システムの整備義務が履行されるという関係にあります。

取締役は、善管注意義務の履行として、会社の業務執行に当たって、租税法令を含むすべての法令を遵守しつつ、株主利益の最大化を図らなければなりません（善管注意義務については、**Q26**を参照）。

善管注意義務を構成する具体的な義務はいくつもありますが、一定の規模以上の株式会社では、取締役が会社の業務全部を自ら監視することは不可能となりますので、その善管注意義務の一内容として、取締役には、取締役および使用人の職務の執行が租税法令を含む法令に適合することを確保するための体制その他株式会社の業務の適正を確保するために必要な体制（内部統制システム）を整備する義務（会社法第348条第３項第４号、第362条第４項第６号、会社法施行規則第98条、第100条）が課されています。

税務CGは、納税者が納税義務を自発的かつ適正に履行すること（税務コンプライアンス）の維持・向上のために必要な内部統制を充実させていくことをいいますので、税務CGの充実を図ることで、取締役の内部統制システム整備義務が履行されるという関係にあります。

もっとも、取締役は、会社に損害を生じさせてはならないという義務を負っていますが、過度にリスク回避的な業務遂行は必ずしも株主の利益に資するものではないことなどから、取締役は、どの程度の水準の内部統制システムを整備するか、費用対効果などを総合的に勘案して判断する裁量を有していると解されています（経営判断の原則）。

したがって、取締役は、租税法令違反の原因となるすべての不正行為を防止する内部統制システムを整備しなければならない義務まで負うわけではなく、税務コンプライアンスの観点から具体的にいかなる内部統制システムを整備すべきかという問題は、株式会社の実態に即して取締役が個別に判断すべき事柄になります。しかしながら、内部統制システムの整備に経営判断の原則が適用されるとしても、取締役は、いかなる水準の内部統制システムであっても善管注意義務違反を問われないというわけではなく、当該株式会社にとって、通常想定される不正行為を防止し得る程度の内部統制システムを整えていなければならないと解されていることには留意が必要です（最判平成21年7月9日集民231号241頁）。

税理士業務における**留意点**

会社法上の大会社（最終事業年度の貸借対照表上の資本金の額が5億円以上、または負債の部に計上した額の合計額が200億円以上のいずれかに該当する株式会社）の取締役会は、内部統制システムの整備に関する事項を決定しなければなりません（会社法第362条第4項第6号、第5項）。そのため、取締役会のその決定内容が会社の税務コンプライアンスの観点からも十分なものか否かの検証が求められます。国税庁が推進する税務CGの充実に向けた取組みでは、税務CGの評価の視点や方法も明らかにされていますので、内部統制システムの整備状況の検討においてはそれらも参照すべきと思われます。

COLUMN

企業不祥事とその対応

終章では、税務コンプライアンスと会社法との関係について説明しました。コンプライアンスといえば、近時、上場会社においては、不正会計をはじめとした企業不祥事の問題が大きくクローズアップされています。そこで、本コラムでは、会社法・コンプライアンスにも関係する話題として、企業不祥事への対応について、概要を説明します。

(1) 企業不祥事への対応

近時、企業不祥事対応の重要性がますます強調されています。理由は種々ありますが、①企業の社会的責任（CSR）の要請の高まり、ならびに、②不祥事を起こした企業に対する社会的非難および公的制裁の厳格化が大きな要因として挙げられると思います。

すなわち、企業は利益の最大化への志向だけでなく、利害関係人（顧客、株主、従業員、債権者、取引先、地域社会、国民等）への配慮、法令遵守を通じた不正行為の防止や安全な製品・サービスの提供、および、説明責任の履行が求められるとの考えが広がっています（上記①の観点。これに伴い、会社法の改正等を通じ、企業統治（コーポレートガバナンス）の強化が図られています）。

また、犯罪類型の創設や拡大（インサイダー取引が典型例です）、独占禁止法等における犯則調査権の導入等が進められ、企業不祥事およびその対応に世間の目が集まるようになっています（上記②の観点）。

企業においては、企業不祥事をいち早く捕捉し、捕捉した事実に応じた迅速な調査等、的確な対応が求められます。

そこで以下では、捕捉の契機を含め、企業不祥事対応について段階を追って解説します。

(2) 企業不祥事捕捉の契機

① 捕捉の契機の種類

企業が自身の不祥事を捕捉する契機としては、大きく分けて以下の二つの場合が考えられます。一つは自社内部で発覚する場合、もう一つは外部の活動（捜査機関の捜査、行政機関の調査、マスメディア報道や消費者からの苦情・SNS上での情報の拡散等）で発覚する場合です。以下では自社内部で発覚する場合を取り上げます。

② 自社内部で発覚する場合

人事異動に伴う後任者による発見、日常業務の稟議・決裁や帳簿棚卸、実地棚卸、三様監査（内部監査部門、監査役、会計監査人による監査）等での発覚等の場合もありますが、いち早い捕捉という観点から以下の二つを紹介します。

(a) 社内リニエンシー

法律違反等に関与した役職員等が、当該違反の発覚前に自らその事実を申告し、調査手続への協力を申し出る場合に懲戒処分等を減免することです（必要的減免とするかどうかは企業によって対応が分かれます）。社内規則等で規定し、役職員等に周知し、積極的な活用を呼びかけるケースが多いようです。

(b) 内部通報制度

従業員等が不正等を知った場合にその通報を受け付ける制度です。通報者に対する不利益な取扱いの禁止等の保護制度や通報受付後の企業の対応（調査、是正、再発防止策の策定および通報者への報告）等が併せて規定されることが多いです。

内部通報制度の構築に際し、通報対象事実、通報者の範囲（当該企業の役職員のほか、子会社の役職員、取引先の役職員、退職者等が俎上に上り得ます)、匿名通報の可否、通報の手段(郵送、電話、電子メール等)等を定めます。消費者庁が平成28年に公表している「公益通報者保護法を踏まえた内部通報制度の整備・運用に関する民間事業者向けガイドライン」(注1)の内容も考慮するとよいでしょう(注2)。また、公益社団法人商事法務研究会を指定登録機関とする内部通報制度認証(自己適合宣言登録制度)につき、平成31年2月から申請の受付が開始され(注3)、令和2年11月13日現在で登録事業者数は87社となっています(注4)。

内部通報制度は制度設計・運用次第で企業不祥事を捕捉する有力な手段となり得ます。

(3) 企業不祥事捕捉時の対応

① 初動対応の重要性

企業不祥事の端緒を得た場合、初動対応がその帰趨を決します。例えば、内部通報を契機とする場合では、調査着手の遅れ等が生じて通報者が企業に自浄能力がないと判断した場合、通報者による当局への申告やマスメディアへの公表へとつながり、隠ぺい体質等のそしりを受ける結果ともなりかねません。

そこで、違反事実の有無の確定、違反事実が認められた場合の影響の程度の見極め、対応方針(調査体制の再構築、調査方針、当局対応等)の決定を早急に実施することが肝要です。

② 客観的資料の保全

違反事実の有無、その程度を確定するため、客観的資料(関係者が業務上使用するPC、携帯電話、企業内で保管された稟議書、伝票類等が典型例です)および関係者の確保をまずは検討します。PC、携帯電話内のデータ（電子メールデータ等）につきデジタル・フォレンジック（デジタル機器上に残された情報を収集し、証拠として分析すること）が実施されることもありますが、業者によって得手不得手がありますので、複数の業者との付合いがある弁護士等に相談するとよいでしょう。

③ 調査チームの組成

(a) 調査チームの構成員

初動段階では、企業の担当部署を中心として組成されることが多いように思います。事案や企業の体制にもよりますが、法務部、総務部、内部監査担当部、コンプライアンス担当部、経理部、システム担当部等が候補となります。顧問弁護士の関与を求めることも有効です。

(b) 社外の専門家の関与

経営トップの関与が疑われる等、事案の重大性・専門性に鑑み、調査や事実認定等の客観性や独立性を確保するため、顧問弁護士、場合によっては顧問関係にない弁護士が関与することも少なくありません。また、例えば会計不正が疑われる場合、会計の専門家たる公認会計士の関与を求めるべきです。

さらに、調査の客観性が強く求められる事案では、第三者委員会を設置し、調査全般を社外の第三者に委ねることを検討すべきです。詳細には触れませんが、日本弁護士連合会公表に係る「企業不祥事における第三者委員会ガイドライン」(注5)や、日本取引所自主規制法人公表に係る「上場会社における不祥事対応のプリンシプル」(注6)が参考になると思います。

④ 調査実施

(a) 代表的な調査方法

企業内の客観的資料（紙媒体の資料やPC内のデータ等）および企業外の資料の収集ならびにヒアリングによる供述の収集が挙げられます。以下ではデータ分析とヒアリングについて取り上げます。

(b) データ分析

調査の客観性を確保するため、上記(3)②で挙げたデジタル・フォレンジックを専門に扱う業者を起用することが多いです。

PC内等での保管に係るデータの分析に際しては、データ量が膨大に上ることが多く（電子メールの送受信だけでも10万件以上が保存されていることが珍しくありません）、キーワード（例えば談合では競合他社の略称やドメイン、担当者の氏名、その者との協議の場で使われていた施設や店の名前等が候補に挙がります）での絞込み、AIによる選別の活用といった効率化が必要となります。

(c) ヒアリング

主な留意点としては、時系列表や組織図、相関図、ヒアリング事項表の作成等の十分な事前準備、ヒアリング時に通報者の氏名に言及しない等の通報者の保護、信頼性の高い供述の獲得に向けた配慮（誘導や思い込みによる聴取の回避や聴取時の社内関係者の立会い等）、ヒアリング結果の記録化（ヒアリング記録の作成等。なお、秘密録音の可否については議論があります）等が挙げられます。

⑤ 調査結果の取りまとめ

客観的資料の精査結果や収集した供述等に基づき、調査対象事実の存否を認定します。その認定結果により、企業は社内処分および役職員に対する損害賠償請求等の要否やその程度を検討することになります。

調査結果を記録として残すため、調査報告書が作成されることが多いようです。特に、第三者主体の調査では、企業からの依頼内容に応じ、認定事実のほか、不祥事が認定された場合のその原因分析、法的分析（懲戒処分、民事責任追及、刑事告発の要否等）、再発防止策の提言等が記載されることがほとんどです。

（注１） http://www.caa.go.jp/policies/policy/consumer_system/whisleblower_protection_system/private/pdf/minkan.pdf

（注２） 公益通報者保護法は令和２年６月８日に改正法が成立し、同月12日に公布されました（施行は公布後２年以内です）。改正のポイントは以下の三つです。なお、引用する条文はいずれも改正後の公益通報者保護法のものです。

① 是正や通報をより容易にするもの

- 常時使用する労働者の数が301人以上の事業者への、公益通報対応業務に従事する者（公益通報対応業務従事者）を定める義務、および、公益通報者の保護を図るとともに、公益通報に応じ適切に対応するために必要な体制の整備、その他必要な措置をとる義務の追加（公益通報者保護法第11条第１項、第２項）
- 上記義務の実効性確保のための行政措置の導入（同法第15条、第16条）
- 公益通報対応業務従事者への情報の守秘に関する罰則付きの義務の新設（同法第12条、第21条）

② 行政機関等への通報をより容易にするもの

- 公益通報を理由とする解雇無効事由の追加（行政機関に対する氏名等を記載した書面を提出した通報ならびに報道機関等に対する通報者を特定させる情報が漏れる可能性が高い場合の通報および財産に対する損害が発生すると信ずるに足りる相当の理由がある通報等の追加。同法第３条第２号、第３号）

③ 通報者がより保護されやすくするもの

- 公益通報を行う者として保護の対象となる者の拡大（退職後１年以内の元従業員や一定の役員等を追加。同法第２条第１項）
- 通報対象となる事実の拡大（過料の理由となる事実を追加。同法第２条第３項）
- 公益通報による損害を受けたことを理由とする事業者による損害賠償請求の禁止（同法第７条）

（注３） https://wcmsmark.secure.force.com/

（注４） https://wcmsmark.secure.force.com/WCMS_operators?common.udd.actions.ActionsUtilORIG_URI=%2Fapex%2FWCMS_operators

（注５） https://www.nichibenren.or.jp/library/ja/opinion/report/data/100715_2.pdf

（注６） https://www.jpx.co.jp/regulation/public/nlsgeu000001igbj-att/1-01fusyojiprinciple.pdf

執筆者一覧

編著者

佐藤修二　(SATO Shuji)

岩田合同法律事務所パートナー弁護士・東京大学客員教授。会社法を中心とした企業法務全般の経験を踏まえた上で、租税分野を専門としている。

【略　　歴】1997年東京大学法学部卒業、2000年弁護士登録、2005年ハーバード・ロースクール卒業（LL.M., Tax Concentration)、2005年〜06年Davis Polk & Wardwell LLP（ニューヨーク）勤務、2011年〜14年東京国税不服審判所勤務（国税審判官）、2019年〜東京大学法科大学院客員教授（租税法科目担当）。

【主な著作】『実務に活かす！税務リーガルマインド』（編著、日本加除出版、2016年）、『税務コンプライアンスのための企業法務戦略』（共編著、民事法研究会、2018年）、『別冊税務弘報　夏休みの自由研究のテーマにしたい「税」の話』（共著、中央経済社、2020年）、『事例解説　租税弁護士が教える事業承継の法務と税務』（監修、日本加除出版、2020年）、『受益権複層化信託の法務と税務』（監修、日本法令、2020年）、『租税と法の接点―租税実務におけるルール・オブ・ロー』（大蔵財務協会、2020年）。

【担　　当】序章・第３章（Q31）・第５章コラム・第７章コラム

執筆者

永口 学　(EIGUCHI Manabu)

岩田合同法律事務所パートナー弁護士。東証一部上場企業を含むクライアントに対し会社法分野全般のアドバイスを行う。不正会計等の危機管理分野、独占禁止法・下請法等の競争法分野、労働基準監督署による捜査対応等の労働法分野への対応実績も多数有している。

【略　　歴】2004年東京大学法学部卒業、2007年弁護士登録。

【主な著作】『新・株主総会物語』（共著、商事法務、2017年）、『株主総会・取締役会等の議事録作成の実務』（共著、SMBC経営懇話会、2019年）、『第三者委員会―設置と運用〔改訂版〕』（共編著、きんざい、2020年）、『Q&A 独占禁止法と知的財産権の交錯と実務』（共編著、日本加除出版、2020年）。

【担　　当】第６章コラム・終章コラム

伊藤広樹 (ITO Hiroki)

岩田合同法律事務所パートナー弁護士。M&A・組織再編、コーポレートガバナンス、株主総会対応、経営支配権の争奪事案等の商事紛争対応等、会社法・金融商品取引法分野に豊富な実績を有する。

【略　　歴】2004年早稲田大学法学部卒業、2006年早稲田大学法科大学院修了、2007年弁護士登録。

【主な著作】『新・株主総会物語』(共編著、商事法務、2017年)、『会社法改正後の新しい株主総会実務―電子提供制度の創設等を踏まえて』(編著、中央経済社、2019年)、「新民法と会社法実務」資料版商事法務433号(共著、2020年)、「株主の招集による上場会社の株主総会の実務対応」旬刊商事法務2239号(共著、2020年)。

【担　　当】第2章(Q16)

武藤雄木 (MUTOU Yuki)

岩田合同法律事務所パートナー弁護士・公認会計士。監査法人および国税当局勤務経験を踏まえ、不正会計事案、証券訴訟、租税訴訟等、会計・税務と法務との交錯分野を得意とする。

【略　　歴】2003年慶應義塾大学経済学部卒業、2003年～06年中央青山監査法人勤務、2008年東京大学法科大学院修了、2009年弁護士登録、2015年～17年東京国税局調査第一部調査審理課勤務。

【主な著作】「〔連載〕入門　税務コーポレートガバナンス」ビジネス法務2017年10月号～2018年5月号(共著)、「今求められる税務コンプライアンスとは何か～『税務』と『法務』の協働の観点から～」租税研究2018年12月号(共同講演録)、『IPO物語―とあるベンチャー企業の上場までの745日航海記』(共編著、商事法務、2020年)。

【担　　当】第1章・第2章・第3章(Q29)・第8章・終章

浜崎祐紀 (HAMASAKI Yuki)

岩田合同法律事務所パートナー弁護士・公認会計士。監査法人・税理士法人・大手都市銀行での勤務経験を踏まえ、証券訴訟、租税訴訟等、会計・税務と法務との交錯分野のほか、銀行法務に強みを有する。

【略　　歴】2004年東京大学経済学部卒業、2003年～06年監査法人トーマツ勤務、2010年早稲田大学大学院法務研究科修了、2013年弁護士登録および公認会計士登録、2013年～15年PwC税理士法人勤務、2016年～18年大手都市銀行勤務。

【主な著作】『実務に活かす！税務リーガルマインド』(共著、日本加除出版、2016年)、『新・株主総会物語』(共著、商事法務、2017年)、『一問一答 相続法改正と金融実務』(共著、経済法令研究会、2018年)。

【担　　当】第3章(Q29～31を除く)・第4章

野口大資 （NOGUCHI Daisuke）

岩田合同法律事務所弁護士。

【略　　歴】2016年大阪大学法学部卒業、2018年東京大学法科大学院修了、2019年弁護士登録。

【担　　当】第７章（Q59・Q60）

安西一途 （ANZAI Kazuto）

岩田合同法律事務所弁護士。

【略　　歴】2018年慶應義塾大学法学部法律学科卒業、2019年弁護士登録。

【担　　当】第２章（Q17）・第３章（Q30）

サービス・インフォメーション

通話無料

①商品に関するご照会・お申込みのご依頼
TEL 0120(203)694／FAX 0120(302)640
②ご住所・ご名義等各種変更のご連絡
TEL 0120(203)696／FAX 0120(202)974
③請求・お支払いに関するご照会・ご要望
TEL 0120(203)695／FAX 0120(202)973

●フリーダイヤル(TEL)の受付時間は、土・日・祝日を除く9:00～17:30です。
●FAXは24時間受け付けておりますので、あわせてご利用ください。

税理士のための会社法ハンドブック
2021年版
—Q&Aでパッとつかめる！最新改正のポイント—

2021年2月10日　初版発行

編　著　　佐 藤 修 二

発行者　　田 中 英 弥

発行所　　第一法規株式会社
〒107-8560　東京都港区南青山2-11-17
ホームページ　https://www.daiichihoki.co.jp

税会社法21　ISBN978-4-474-07409-5　C2032 (6)